# mílagros

### Votive Offerings from the Americas

# mílagros

## Votíve Offeríngs from the Americas

## By Martha Egan

Foreword by Marion Oettinger, Jr.
Translation by Luís Fernando Mejía and
Ana Isabel Stellino Martínez

Principal photography by Anthony Richardson
Drawings by Kathy Chilton

Museum of New Mexico Press

This book is dedicated to
the anonymous *milagro*-makers of Latin America,
with the hope that their faith, sincerity, creativity, and artistry
—as well as their wonderful *milagritos*—shall endure.

The Museum of New Mexico Press is a unit of the Museum of New Mexico, a
division of the State Office of Cultural Affairs.

Printed in the United States
Project Editor: Mary Wachs
Design: GLYPHICS/Terry Duffy Design
Composition: Copygraphics, Santa Fe

Library of Congress Catalog Card Number: 90–63704.
ISBN: 0-89013-219-4 (CB)
      0-89013-220-8 (PB)

Museum of New Mexico Press
P.O. Box 2087
Santa Fe, NM 87504-2087

10  9  8  7  6  5  4  3  2

# Contents

# Foreword

Each year, on the twelfth of December, hundreds of thousands of pilgrims gather just outside Mexico City, at La Villa, to honor Nuestra Señora de Guadalupe, spiritual mother of México and beloved patron of the Americas. Some have walked four or five days from their native villages, often crawling on their knees for the last portion of the trek. Indeed, for most, it is a journey of sacrifice. Among the devoted are dancers, masked and bedecked in neo-Aztec plumage and filled with energy and religious fervor. Musicians, often carrying musical instruments pre-Hispanic in origin, are well represented. The music they make during the day and late into the night serves as their community's offering to Our Lady. Still other pilgrims, some from as far away as California and Guatemala, have brought gifts of a different sort—elegant floral mosaics depicting the Virgin's miraculous apparition to the Indian Juan Diego in 1531. Candles, fruits, and cut flowers are among the more common gifts, while young women offer their precious braids in appreciation of found love. All of these offerings are part of the major force that drives folk religion in Latin America—*la promesa*, the vow. *La promesa* is a reciprocal contract, a covenant, if you will, between the believer and a sacred figure, usually a popular manifestation of a saint, the Virgin, or Christ. In return for favors granted—a saved marriage, a child restored to good health, an economic gain, a catastrophe averted—the faithful make solemn vows of reciprocity: to go on a difficult and costly pilgrimage, to dance hard and long at sacred shrines, to commission paintings that testify to the efficacy of a saint's powers. *La promesa* is universal in Latin America, and its bifurcated roots are pre-Columbian and European.

When an object is used to fulfill a *promesa*, it is called an *ex-voto* or *milagro* (miracle), of which hundreds of different forms exist. I discovered these fascinating objects for the first time in 1965, when, as a student in México, I visited the ancient and mysterious shrine dedicated to Our Lord of Chalma, a black Christ figure greatly revered by people all over the republic. One of the prescribed stops for pilgrims on their way to Chalma is El Ahuehuétl, a huge Mexican cypress out of which flow waters believed to have curative qualities (fig. 35). It is customary for pilgrims to attach ex-votos to the large trunk of this tree in testimony to the veracity of the place's miraculous nature. Among the many votive offerings pinned to the tree were hand-hewed crutches, battered leg casts, miniature parts of the human body fashioned from silver or tin declaring the return of lost sight or the recovery from a scorpion sting, snapshots of broadly smiling children rescued from the jaws of death, and small, neatly tied bags containing umbilical cords testifying to the safe delivery of a baby. Many offerings had notes attached to them, some in labored cursive script, others obviously typed by a public scribe, describing in great detail the miracles themselves. I recall being tremendously moved by the direct boldness of these objects. For a young man, reared in the sterile environment of Southern Protestantism, this was powerful and exotic stuff, and to this day I vividly remember many of the faces and things I encountered during that visit.

Since that trip to Chalma over twenty-five years ago, I have visited hundreds of pilgrimage sites all over Latin America, each with its own special spiritual quality and unique expression through votive objects. I have witnessed believers in Caracas drape their saints with graduation medallions and military epaulets in gratitude for help received during final examinations. I have seen small-time politicians leave their inauguration photos at special chapels in northeast Brazil, joining other pilgrims to the same site who have deposited life-size wooden arms, legs, breasts, and other body parts in appreciation for miraculous cures performed on these areas (figs. 34, 54). In the coastal churches of southeastern México, grateful sailors offer wooden ships, many replete with tiny, hand-carved crew members, in gratitude for a saint's protection during a storm at sea (fig. 55). At the shrine of Our Lord of Monserrate, high above the city of Bogotá, vendors sell wax images of body parts and infants to pilgrims wishing to give thanks for miracles they have received. At the shrine to Nuestra Señora de la Altagracia in Higuey, Dominican Republic, I have found fascinating ex-votos, mostly fashioned from silver, representing houses, automobiles, and domesticated animals, as well as delightfully sculpted human body parts. Mayan Indian girls of Highland Chiapas in southern México make offerings of first textiles in thanks for the skill of weaving. In Quito, grateful pilgrims give their saints tiny metal ex-votos representing clusters of bananas, cacao, and other fruits in appreciation of bountiful harvests.

Ex-votos are found in all of the great cathedrals of Lima, Río de Janeiro, and La Paz, as well as in quiet, humble chapels of rural areas and in small roadside shrines. They come in every size, color, and hue. Indeed, the variety of Latin American ex-votos is as numerous as the places where they are found. Their sole function, however, is basically this: to fulfill a vow and thereby narrow the vertical gap between the devout and the powers that hold sway over human destiny. For those of us looking at this phenomenon from afar, these objects provide an important window on Latin American society and culture.

Marion Oettinger, Jr.
*Curator of Folk Art and*
*Latin American Art*
*San Antonio Museum of Art*

# Acknowledgments

Although my name appears as the author of this work, in many ways *Milagros* has been a collaborative effort. A wonderful international group of busy, talented souls from Barranco to Barcelona to Bolinas contributed generously and enthusiastically of their time and expertise to make this book a reality: scholars, storekeepers, artisans, magazine editors, collectors, diplomats, physicians, anthropologists, artists, teachers, museum personnel, and just plain folks. Because *milagros* have been little studied and written about, it was necessary, and also a lot of fun, to root through the individual and collective knowledge of *milagro* aficionados in order to obtain the source materials, information, ideas, leads, loans of *milagros*, and photographs without which the book could not have been written.

I am first and foremost indebted to Judy Sellars, librarian at the Museum of International Folk Art in Santa Fe, cheerful and skilled shepherdess of a flock of obscure reference materials, for her invaluable assistance. Gloria Kay Giffords, Gustavo Navavarro, Marion Oettinger, María Antonia Pelaúzy, Marilee Schmit, and Dr. Juan Tellez were also particularly helpful to me with source materials and concepts. Others contributed in innumerable and varied ways to the project, from ferrying film to Perú to helping me locate unusual or special *milagros*. For their invaluable assistance and *bonhomie* I am indebted to Delia Andrade, Elisa Alvarado, Adela Ávalos, Marcia Bol, Ted Bohr, S. J., John Bourne, Dorothy von Briesen, Peter Cecere, Kathy Chilton, Barbara Cortwright, Elizabeth Cuellar, Kristin Eppler, Linda Fisk, Allison Freese, David Freese, Barbara Gastian, Nan and Ivan Genit, Max Heffron, Claudio and Margaret Iglesias, Gloria Jaramillo, Dr. Clyde Keeler, Dr. Yvonne Lange, Leslie Lee, Vivián and Jaime Liébana, Robert Liu, Eddna and Ernie Martin, Luís and Andrea Mejía, Estela Ogazón and Jaled Muyaes, Bill Peterson, Donna Pierce, Cecilia Portal, the Jacinto Quesada Carrión family, Anthony Richardson, Jan Schmitz, Billy Siegal, Pat Stelzner, Elvita Valdez de Pardo, Teodoro Vidal, Jonathon Williams, Michel Zabe and others whom I hope will forgive my oversight in not mentioning them.

I am also much indebted to those who made it possible for me to work on the project by protecting me from the storms and troopers during the four often busy and difficult years it took to complete *Milagros*: my terrific helpmates at Pachamama, Lolly Loos Martin, Bernadette Rodríguez, Nancy Sutor, Sarah O'Neill, Dayna Brown, Bruce Takami, Elizabeth Alessio, Dana Burgess, Pat Cardinale, and Janis Chastain, and family and friends Polly Egan Arango, John Arango, María del Pilar Arango, Patrick Egan, Pete Cecere, Phil Davis, Bennett Hammer, Teal McKibben, Will MacHendrie, Macon McCrossen, Luís Stelzner, Michael Phinney, Juan Cabrero, Vera Dudley, Lucy Lehman, Lois Bostwick, and many more, who altogether prove "we get by with a little help from our friends."

# Milagros

When one visits a Catholic church in Latin America today, one notices that the statue or altar of a particular saint is literally festooned with all manner of votive offerings from the faithful—flowers, photographs, religious medals, handwritten notes, holy cards, rosaries, and, invariably, tiny silver or gold body parts, animals, plants, and domestic articles. These miniatures are known in Spanish as *milagros* (*milagres* in Portuguese), which literally means "miracles." Because milagros are primarily offered to a saint in thanks for his or her answering a petitioner's prayer, these miniatures commemorate a "miracle"—a baby cured of its illness, a pig that has farrowed many healthy piglets, a soldier-son returned home safely from a war, a crop saved from insects, and so on. Because they are a type of votive offering, milagros also are often referred to as *ex-votos*, a Latin term meaning "from a vow." The designation "ex-voto," however, refers to a variety of offerings made by the faithful to their favorite saint or image of Christ or the Virgin. One of the most popular and interesting forms of ex-votos is the folk paintings on tin, wood, paper, or canvas that depict a miraculous cure or rescue. Like milagros, the ex-voto paintings of Latin America are a Catholic folk tradition with roots in ages-old Mediterranean cultural practices and beliefs.

While milagros have traditionally been fashioned from a variety of materials, such as wax, wood, bone, or a variety of metals, they are most typically made of silver (or silverlike metal) and occasionally gold. In Latin America, one may also see milagro-like miniatures used to adorn one's clothing, jewelry, or personal items or as attributes for a saint; although sometimes indistin-

1

Fig. 1.
Silver
milagro, Spain,
c. 1500–1700.

guishable in form from the milagros used as votive
offerings, these miniatures are not really milagros but
rather *dijes* (charms), amulets, talismans, or simply
objects of decoration. It is the manner in which a
miniature animal or body part is used, rather than
merely its form, that determines a milagro.

Milagros are part of an ancient folk custom that transcends
the centuries and the boundaries of diverse cultures. The practice of offering to a deity miniature items that in some way symbolize one's concerns seems to be nearly universal and timeless.
When facing illness, misfortune, war, famine, or other threats to
his well-being and that of his family, friends, and community,
man turns to supernatural beings for assistance and intercession. All sorts of offerings, from humble homemade gifts to
human sacrifice, are made in enlisting the aid of deities and
ingratiating oneself in their favor. Milagros are one type of votive
offering commonly used throughout the centuries in the Mediterranean and in areas of the New World conquered by Iberian
peoples. The uses and forms of these miniature body parts and
animal and human figures appear to be virtually unchanged
from at least the classic period in Greece to the present day in
those parts of Latin America where milagros are still a part of
folk traditions.

Latin American culture, as it evolved over the centuries following the conquest of the Americas in the sixteenth century, is
necessarily the melding of three main cultural traditions: Native
American, Black African, and Iberian. The contemporary use of
milagros and ex-votos appears to be the synthesis of traditions
common to these cultures. Prior to the conquest, Native American groups throughout the Americas seem to have had customs

surrounding the making of offerings to their deities, though little is known today of these religious beliefs and practices. Pre-conquest temples and holy sites were ruthlessly and systematically destroyed by European conquerors, who severely repressed and punished the indigenous peoples for practicing their traditions and religions. What little documentation existed, in the form of codices and written records, was almost completely destroyed, as were the priest castes that understood them. Early chroniclers in the New World tended to concentrate on the sensational aspects of pre-Columbian religious practices, such as human and animal sacrifices, that consequently tell us little about how ordinary folk made offerings and sought assistance and relief from their deities. While physical evidence of offerings abounds—effigy bowls, amulets, representational human and animal figures—little is known about how these often very beautiful and highly personal items were actually used.

Fig. 2. Forged iron ex-voto, 87 cms., Buttenwiesen, Swabia, Germany, c.1300–1800.

The historian Métraux, however, in his *Les Incas*, does describe one of the major Incan religious sites, Coricancha, or the "Golden Precinct," of the Temple of the Sun at Cuzco, which attracted huge numbers of pilgrims and served as a model for temples in the provinces. The Coricancha consisted of a number of rectangular buildings within a vast enclosing wall, which were the dwellings of gods and priests. Describes Métraux, "There was a little garden in the Coricancha which the Inca dug symbolically during the sowing festival. It was planted three times

3

yearly with maize plants of gold, the leaves and cobs of the same metal."[1]*

In very general terms, what is known is that prior to the Europeans' arrival in 1492, those who inhabited the Americas petitioned and propitiated their deities with a wide variety of offerings—food, drink, flowers, human and animal sacrifices, and numerous and varied effigies: anthropomorphic or zoomorphic figures in clay, stone, wood, bone, shell, gold, silver, platinum, amber, emeralds, turquoise, jade, and other mundane or precious materials. Quantities of effigy offerings have been found in the *cenotes* (sacred pools) of the Yucatán peninsula, the *huacas* (sacred mounds) of Perú, the pyramids of México, the sacred lakes of Colombia (fig. 58), the ancient kivas of the American Southwest, and at countless other sites sacred to pre-Columbian peoples. Yet because the Europeans so effectively destroyed the political order of pre-Columbian America and repressed Native Americans' cultural traditions, little is understood today of the use and meaning of these offerings now so carefully guarded behind museum glass. Much can be learned, however, from the beliefs and practices of contemporary traditional Native American peoples—the Quichua-speaking Amazonian Indians whose forefathers escaped the Spanish by fleeing into the jungles, the Indian peoples of the Andes, Pueblo Indians of the Southwest, the Kuna Indians of Panamá and Colombia, the Mayans of Central America, and other groups whose religious beliefs and ceremonies still include the use of effigy offerings, amulets, and talismans.

Fig. 3.
Iberian bronze
votive offering,
Spain,
c.,500–100 B.C.

The Quechua- and Aymara-speaking Indians of the Andean highlands, for example, continue to use specially carved amulet stones—called *canopas*

*Notes begin on page 115.

4

or *illas* in Quechua, *mullu* in Aymara— to increase their herds; prevent illness; attract friends and lovers; protect their homes, crops, animals, children, and themselves; aid them in  weaving; and communicate with the spirits (fig. 4).[2] Some of these amulet stones are used only by a medicine man; others are personal and carried in one's *ch'uspa* (coca bag). Usually carved in white to pinkish soapstone, the amulets are human forms or animals, such as llamas, sheep, and cattle. The animal amulets also are sometimes called *chacras*, as they are often buried in the owner's fields and pasture lands, his *chacras*. Other soapstone amulets, rectangular tabletlike stones topped with geometric designs, are known as *mesas*. Considered "spirit seats," the *mesas* are used in a ceremony similar to the seance to communicate with the spirits. Another type of *mesa*, with houses, animals, people, and sometimes "spirit seat" geometric designs, is known as *uta illa* (house amulet) and is used to protect the entire household and the family's possessions (fig. 72).[3] The custom of using *canopas*, *illas*, and *mesas* is an ancient one in the Andes. In his book on religious practices in the Incan Empire, the Ecuadorian historian Jijón y Caamaño mentions these amulets: "They carried the *canopas* in their personal belongings, considering them talismans whose presence would protect them from diseases and misfortune (fig. 71)."[4]

Black African slaves' customs involving amulets, talismans, and milagro-like devotional items also contributed to the evolving Latin American tradition of using ex-votos and milagros. Brought by force primarily from West Africa beginning in the last half of the sixteenth century, the slaves could carry little with

Fig. 4. *Chacra* amulet, native soapstone, 6 cms., southern highlands, Perú.

them but their strong animistic beliefs and customs. A distinctive African character persists today in the religious customs and ex-voto offerings of those parts of the Americas with predominant black populations, such as coastal Brazil and the Caribbean. Throughout most of the African countries from which slaves were taken and the New World that received them, secret societies have protected the exact meaning of these customs and offerings. It is known that Black Latin Americans use milagros and ex-votos, as well as other types of amulets, talismans, and effigy offerings, in petitioning their own ancient deities. These customs necessarily vary from region to region. The *Candomblé* sects of northeastern Brazil, the *Voudun* or *Voodoo* sects of Haiti, and the Caribbean *Santería* sects are African-influenced religions which employ effigy offerings to petition and propitiate their deities; but adherents to those sects may also use milagros and pray to the Catholic saints.

In the Brazilian Northeast one finds ex-voto customs that combine beliefs common to both Afro-Brazilians and Native Indian Brazilians. According to the Brazilian ethnologist Luís Saia, both groups hold that disease and misfortune are the result of the invasion of the body by an invisible, intangible force—a spirit, perhaps. Because this force has entered the body through magic means, magic means must be employed to expel it. A variety of rituals can cause the disease or misfortune to leave the body by way of an object in which it then becomes imprisoned; the item is then buried, cast into the river or the sea, or deposited in a place where the "demon" resides and where it will be contained.[5] In the Northeast, when these beliefs encountered the Iberian custom of ex-votos, a blended custom of believing that the ex-votos could also have the function of containing and neu-

6

tralizing the agents of disease and misfortune seems to have resulted. Northeastern Brazilian milagres are large, nearly life-size limbs, heads, bodies, and inner organs carved of local mahogany (figs. 5, 61). They can be found in chapels, at pilgrimage sites such as Canindé in the state of Ceara, and at the numerous *cruzeiros de acontecido*—sites of violent death, such as those resulting from a car accident, which are marked with a cross and where all manner of offerings are placed.[6]

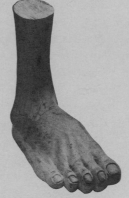

Fig. 5. Mahogany milagre, 24 cms., northeast Brazil.

While Native American and Black African cultures have certainly influenced Latin America practices involving milagros, it seems that this folk custom is most directly derived from Mediterranean Catholic traditions, specifically those of the Spanish and Portuguese. When the conquistadors claimed the New World for themselves, their God, and their King and Queen, milagros were in wide use on the Iberian peninsula and surely were a part of the voyagers' baggage when they arrived in the New World. By then, however, the custom of milagros was ages old, going back to the earliest days of human settlement in the Mediterranean.

Votive offerings nearly identical in form to milagros used today in Mexican chapels have been found in archaeological sites throughout the Mediterranean basin, from North Africa through the Middle East, across all of Europe, and as far north as Scandinavia. The use of milagro-like votive offerings appears to pre-date recorded history in the Mediterranean. In hunters' caves in the Alps, votive offerings carved of precious bear bone have been found that date to the Paleolithic era.[7] In Italy, Etruscan-period bronze effigies of human beings have been excavated at Monte Falcone. Some are pointing to a certain part of the body, indicating the point of an illness, archaeologists speculate.[8] Other Etruscan sites at Vulci, Calvi, and Cervetri have yielded milagro-like horses, cows, pigs, apples, pomegranates, grapes, human effigies, and human body parts. Among the latter were feet (including flat feet), crooked legs, a head with two wounds, ears, eyes, inner organs, bowels, and wombs.[9]

The history of milagros and ex-votos is perhaps oldest in Greece, where the custom endures. The citizens of classical Greece often traveled to special sites, most notably shrines to the Greek God of Healing, Asclepius, in hopes of a cure for an illness. At Corinth, life-size ceramic heads, ears, eyes, hands, arms, legs, feet, female breasts, and male genitalia were found, all dedicated to Asclepius and dating to between 480 and 325 B.C.[10] Excavations at the temple of Epidaurus show that the faithful, who came from all parts of Greece, presented body-part offerings of gold, silver, iron, clay, and stone that closely resemble the milagros of today.[11] Also offered to Asclepius at Epidaurus were miniature surgical instruments, slippers, pillows, bottles, and other items of personal use such as fans and mirrors,

Fig. 6.
Silver *tama*,
3 cms.,
Greece.

all of which must have had some symbolical meaning for the donor.[12] In classical Greece it seems to have also been the custom to offer the gods small images not only of cured persons, or persons saved from peril, but of the gods themselves. Pericles is said to have donated to the goddess Athena a small image of herself in thanks for her having saved the life of a worker who fell from a scaffolding.[13]

The custom of using milagro-like offerings —called *tamata* in modern Greek—to propitiate the saints, bless them, and venerate their icons, endures in present-day Greece, as well as in Greek communities in the United States such as Philadelphia, Queens, Tarpon Springs, Florida, and elsewhere. Contemporary *tamata* usually are large, flat, stamped silver or tin rectangles; popular images are eyes, whole persons, Volkswagens, arms, legs, and domestic animals (figs. 6–8, 63). The term *tamata* also refers to other types of votive offerings.[14]

In Roman times in the Mediterranean, the votive offerings to deities were known as *donaria*. Typical were body parts in silver, bronze, or ceramic, as well as votive plaques describing the "miracle" that had occurred. In Spain during the Roman as well as Visigoth periods, votive offerings in the forms of wreaths, lamps, crosses, and other objects were common.[15] Particularly in the region of Spain known historically as Turdetania (present-day Andalusia), numerous ex-votos in bronze, some forged, some cast, have been found at sites thought to have been holy places for the Iberians (500–100 B.C.).[16] Typical of Iberian milagros are small human figures, either with open arms or in a prayerful stance, and eyes, stomachs, legs, arms, and horses, some with riders bearing shields (figs. 3, 9, 64). It is thought that Iberian

Fig. 7.
Silver *tamata*,
2.5 cms.,
Greece.

Fig. 8.
Silver *tama*,
3.5 cms.,
Greece.

9

milagros were offered to a deity in solicitation of a favor; later, in the Christian era in Spain, the offering primarily was made in thanks for a favor granted.[17]

In sum, tradition, archaeological evidence, and written accounts indicate that the custom of milagros or similar votive offerings is an ancient one in the Mediterranean and common not only among pre-Christian Greeks, Romans, Etruscans, and Iberians, but also among Visigoths, Phoenicians, Egyptians, Celts, Minoans, Teutons, and other peoples.

Fig. 9.
Terracotta
votive offering,
Spain,
c. 500–100 B.C.

As Christianity spread throughout the Mediterranean, Christian saints, rather than the old pagan deities, became the objects of veneration and petitioners' prayers. Particularly in Catholic Spain, saints were thought to be able to influence all aspects of daily life, as mediators between God and man. Every village, every profession, every festival, and every day of the calendar year had its patron saint. Children were named for the saints on whose name days they were born. Saints themselves were not worshiped; rather, their role was to intercede with God, the Virgin, or Christ in protecting man from all manner of misfortune and to help him achieve good fortune.

Milagros and ex-votos, often little changed in form from those of the pre-Christian era, were a principal means by which the Christian faithful thanked the saints for answering their prayers. Throughout the centuries the custom appears to have achieved great popularity in Spain, Portugal, southern .Germany, the Austrian Tirol, Italy, France, Switzerland, Belgium,

10

and Poland—basically the traditional Catholic areas of Western Europe—as well as in Greece and areas in Asia Minor and the Mediterranean with large Greek Orthodox or Eastern Rite populations. By the Middle Ages in these areas there was mass production of votive articles, including milagros.[18] A wide variety of minia-ture stylized human figures, body parts, inner organs, animals, plants, and personal items were made in beeswax and silver and occasionally in gold, iron, wood, lead, silk, and even bread dough. In later years, paper was a medium for making mass-produced ex-votos.[19] In the sixteenth century, cloth offerings were popu-lar in Germany.[20]

Fig. 10. Molded wax ex-voto, southern Germany, c.1600–1800.

Over the centuries some very sumptuous milagros or ex-votos were made by the renowned artisans of the day at the behest of wealthy patrons. The most famous of these, perhaps, was one allegedly commissioned by the conqueror of México, Hernán Cortés, which in 1528 he offered to the patroness of his homeland, Extremadura, Our Lady of Guadalupe, at the mon-astery bearing her name in Guadalupe, Spain.[21] This was in thanks for his being cured of a scorpion bite which he suffered at his hacienda in Yautepec, México.[22] The ex-voto was in the shape of a hollow gold scorpion which contained the carapace of the actual scorpion said to have bitten Cortés. Reportedly, it was exquisitely crafted in the sixteenth-century Spanish style by Mexican Indian artisans. A piece thought to be the Cortés ex-voto exists, an elegant and finely wrought enameled gold pendant with forty-three emeralds, as well as rubies and pendant pearls. The animal, however, is not a scorpion but

11

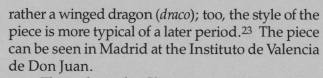

rather a winged dragon (*draco*); too, the style of the piece is more typical of a later period.[23] The piece can be seen in Madrid at the Instituto de Valencia de Don Juan.

Throughout the Christian centuries and into the present time in Europe, votive offerings, including milagros, were made to favorite saints in churches, chapels, home shrines, and at pilgrimage sites where they were hung along with crutches, braces, paintings, and all manner of ex-voto offerings and testimonials of cures and answered prayers. Today in Europe the custom has nearly disappeared, except in Italy, Crete, Greece, Sicily, and the Andalusia, Catalonia, and Mallorca areas of Spain (figs. 21, 62).

In Catholic southern Germany, the custom was once widespread and very popular, especially among the rural peasantry. In addition to employing milagros such as eyes, legs, arms, and animals, which were in common use throughout the Mediterranean, the southern Germans also had the tradition of what could be termed "symbolical milagros," used particularly in matters relating to sex, reproduction, and genital organs. At the beginning of this century the noted German ethnologist Richard Andrée wrote a pioneering study on traditional votive offerings and articles used by the faithful in southern Germany. Although

these customs were then dying out among German Catholics, Andrée was able to obtain information about the meaning of certain milagros and ex-votos, information which other Germans and Swiss ethnologists have confirmed in more recent studies.

In southern Germany, milagros in the form

of keys were offered to favorite saints by women hoping to bear children, in thanks for a safe birth, or to ask for help with a difficult birth.[24] Hammer ex-votos were phallic symbols, signifying such male concerns as hope of progeny, potency, and successful marriage.[25] The combination of a hammer and key or a hammer and nails used as ex-votos referred to sexual intercourse.[26] Crowns and wreaths were love symbols, hung by maidens beside their favorite saint in hopes for love and marriage. Knives could symbolize stabbing pains but also could be references to witchcraft or criminality. Hearts, particularly wax hearts which stood on little pedestals, symbolized not only cardiological problems but problems concerning any internal organ. Arrow milagros signified epidemics and pestilence (fig. 75).[27]

One of the most curious of these symbolical milagros is that of a toad, most common in wax, which was used to denote the uterus (fig. 12). In the Middle Ages it was common folk belief that a woman's uterus was an independent, animal-like organ that could wander within her body, rise, fall, scratch, and bite; it could even leave her body and return to it.[28] Up until at least the sixteenth century, some Europeans believed that men as well as women had uteruses.[29] Toads also were a symbol of the uterus for Greeks, Romans, and possibly Scandinavians.[30] Occasionally a turtle, salamander, or crocodile would carry the same meanings.[31] Another symbol used commonly in southern Germany to signify the uterus was a spiked ball, crafted of wood, wax, or iron and sometimes referred to as a "hedgehog."[32] Toad ex-votos were offered to the saints by women to express concerns about infertility or miscarriage and in thanks for a successful pregnancy. When used by men, the toad milagro symbolized colic or intestinal bleeding problems.[33] These toad milagros were still being sold in southern Germany into the twentieth century and were most commonly made of wax.[34]

It is thought that the custom of milagros and ex-votos became widespread throughout Europe in the Middle Ages, reaching a peak in the final stages of the Gothic period when the proliferation of saints, in the age of the Golden Rule, was at its apex.[35] The custom then accompanied the Catholic conquistadors into the New World, where it was readily adopted by New Christians with whose ancient beliefs and practices this particular Catholic tradition neatly dovetailed, hence its proliferation throughout most parts of the Caribbean, Central and South America, México, the American Southwest and the Philippines, as well as the French-speaking provinces of Canada. From the logs of ship inventories, it is known that Cortés carried ship pendants and ex-votos aboard his ship when he sailed forth to conquer México.[36]

The use of milagros is most evident today at certain pilgrimage sites throughout the Americas, where the faithful gather

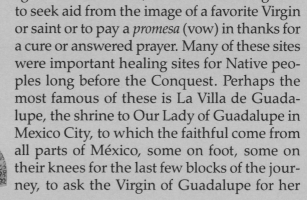

Fig. 13. Silver milagro, 4.5 cms., Cuenca, Ecuador.

to seek aid from the image of a favorite Virgin or saint or to pay a *promesa* (vow) in thanks for a cure or answered prayer. Many of these sites were important healing sites for Native peoples long before the Conquest. Perhaps the most famous of these is La Villa de Guadalupe, the shrine to Our Lady of Guadalupe in Mexico City, to which the faithful come from all parts of México, some on foot, some on their knees for the last few blocks of the journey, to ask the Virgin of Guadalupe for her

14

intercession or to pay her for answering a prayer. Here the main altar of the old Basílica, which dates to 1695, was coated with hundreds of thousands of milagros given to the Virgin by devotees whose prayers she had answered. From a distance it appeared that the altar was covered with solid sheets of embossed silver. Due to earthquake damage, the old Basílica is now closed, and the altar has been removed to the adjacent Guadalupe Museum. Another important pilgrimage site in México is the Basílica of Our Lady of Ocotlán, Tlaxcala. Here, too, milagros have been donated to the Virgin in such quantities that the Church has used them as decorative elements. Over the main altar a 1.48-meter-high image of the Virgin is encased in a glass niche; behind her is a huge five-point star completely covered with milagros, principally hearts (fig. 31). Below the niche, four matching flower urns sit atop a silver altar. Their flat facades are embossed with milagros. In Mexican churches, one often sees the saints or the Virgin dressed in what appear to be elaborate brocade robes or their altars richly decorated with brocade cloth. On closer inspection, however, one can see that these floral designs are actually composed not of metallic thread but of thousands of tiny silver or gold milagros.

In Guatemala the faithful make pilgrimages to the Black Christ at the Sanctuary to Our Lord of Esquipulas and often pay their *promesas* with milagros. Our Lord of Esquipulas is also venerated in northern New Mexico, at the Santuario de Chimayó, a site considered sacred and a source of healing since long before the Spanish. Chimayó is one of the few places in the United States where milagros are still in use as devotional items.[37] Another is the Mission of San Xavier del Bac, south of Tucson, Arizona, where the image of San Xavier is the recipient of many offerings, including milagros, from the devoted (fig. 52).

A popular pilgrimage site in Central America where the use of milagros is much in evidence is at Cartago, the original capital of Costa Rica, founded in 1563. At the foot of the Irazú volcano stands the Byzantine-style Basílica of Nuestra Señora de los Angeles, the patroness of Costa Rica. Within the church is a 15-cms.-high Indian image of "La Negrita"—the Little Black Virgin—to whom pilgrims from all over Central America come to pay homage because of the great healing powers attributed to her. Within her shrine a spring of bubbling water, thought to have curative powers, is surrounded by gifts from devotees: ex-voto paintings commemorating a "miracle," crutches, photographs of healed persons, written testimonials of miraculous cures, and numerous tiny milagros.

Throughout coastal regions of Latin America are numerous seaside shrines and chapels where seafarers, fishermen, and their families pray for good catches and safe returns from the sea. In the chapels, the venerated image may be a Virgin, a Christ figure, a San Rafael, San Andrés, San Cristóbal, San Pedro, and so forth. Along the Brazilian coast, mariners pay homage to Bom Jesus dos Navigantes or Nossa Senhora da Boa Viagem, among others. These images are thought to be Christianized images of the Afro-Brazilian sea goddess Iemanjá.[38] These coastal shrines have been filled by the faithful with milagros and milagres of fishing boats, sailboats, fish, oars, and other related objects. At Motupe, for example, a fishing village in northern Perú near Chiclayo, a popular chapel was once filled with a variety of marine-related devotional objects, including huge silver boats, some of them nearly life size.[39] Unfortunately, because of the value of the silver with which these milagros, large and small,

Fig. 14.
Silver
thundercloud
milagro,
5.5 cms.,
Mulejé, Baja
California,
México.

Fig. 15.
Silver rice
plant milagro,
7 cms.,
Puná Island,
Guayaquil,
Ecuador.

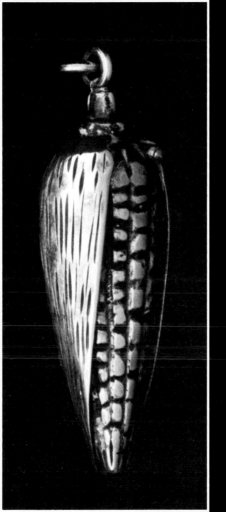

Fig. 16.
Silver corn
milagro,
4.5 cms.,
Guatemala

Fig. 17.
Silver
milagros,
5 cms. max.,
Puerto Rico.

Fig. 18.
Silver
two-sided
milagro:
tobacco leaf
and cigar,
4 cms.,
Puná Island,
Guayaquil,
Ecuador.

Fig. 20.
Silver tailor's
milagro,
9.5 cms.,
Callejón de
Huaylas,
Perú.

Fig. 21.
Silver
milagro,
7.5 cms.,
Seville, Spain.

Fig. 22.
Silver
milagro,
4.3 cms.,
Guatemala.

Fig. 23.
Silver
milagro,
4.5 cms.,
Cuenca,
Ecuador.

were crafted, and due to the poverty of the region, virtually all have disappeared.

Off the northeastern coast of Venezuela, on the Island of Margarita, pilgrims, islanders, mariners, and pearl divers pay homage to the Virgin del Valle. Her sanctuary in the village of El Valle is filled with all manner of votive offerings, including milagros, which reflect the concerns of those who make their living from the sea. Because Margarita and the neighboring island of Cubagua were once world renowned for the pearls their waters produced, votive offerings at the Basílica of the Virgin del Valle include pearls of particular rarity and beauty, as well as those in curious forms resembling such body parts as a leg, a heart, and a head, that were perhaps offered as milagros to the patroness of Margarita.

Although it appears that in many areas of Latin America the custom of using milagros is unknown or has been forgotten, most regions still have popular pilgrimage sites where milagros can be found adorning the vestments or altar of a popular image. On the eastern slope of the Ecuadorian Andes, for example, in the hot springs resort of Baños, the Basílica of Nuestra Señora de Santa Agua attracts many pilgrims who come in hopes of obtaining a cure in the miraculous hot springs. The thousands of milagros and other devotional items that fill the chapel of Nuestra Señora de Santa Agua are testimony to the faith of her devotees. In southern Colombia, on the Ecuadorian border at Ipiales, the Sanctuary of the Virgin de Las Lajas attracts pilgrims from both countries who come in hopes of a miraculous cure or in fulfillment of a *promesa* to the Virgin. Quantities of milagros and other devotional items adorn her image.

The Church of Nosso Senhor do Bomfim, in the Brazilian

coastal city of São Salvador de Bahía, houses a large room full of testimonials to miraculous cures and answered prayers. Novelist Jorge Amado describes the devotion of his fellow *bahianos* to the Lord of Bomfim:

> For many years the saint has performed astonishing miracles. He saves the shipwrecked, cures lepers, tuberculars and the deranged, closes a bullet's wound and deflects at the last instant the blade of an assassin's dagger. Pictures by the score, legs, hands, arms and wax heads, depictions of terrible accidents, fill this insane hall which is the strangest museum one can possibly imagine. Rich offerings and poor offerings, large *milagres* and small *milagres*. The Senhor do Bomfim is a recorder of miracles, he who makes rain and who contains the floodings of rivers, who protects the plantings and averts the epidemics.[40]

Although a certain image may be extremely popular and much venerated in one region, it may be virtually unknown in an area not far away. In Bolivia, for example, few of the faithful have ever heard of the Virgin of La Leche, a popular image in nearby Cuzco, Perú; in the altiplano near Lake Titicaca, Bolivians pray to Our Lady of Copacabana, whose shrine on the shore of the lake draws thousands of pilgrims annually. In Oruro, Bolivia, Our Lady of Socavón, the patron saint of miners, is perhaps most popular, while in Sucre the faithful pray to Our Lady of Guadalupe. The latter image, a black virgin, is quite different in appearance and attributes from the Mexican Virgin of Guadalupe and more similar to the image of the same name in Guadalupe, Spain.

Other images in the Catholic Litany of the Saints, contrarily, are quite universally regarded within the Iberian world as patron saints for this or that concern. Saint Lucy, for example, venerated as the patron saint of persons suffering from eye ailments, is encountered from Spain to Brazil to México to the Philippines. In the town of Santa Lucía, Ilocos Sur, Philippines, an image of Saint Lucy to whom the faithful pray has been entirely covered with milagros, most of them of silver eyes (fig. 24). Filipinos believe that her age-darkened wooden image is miraculous. To accommodate new offerings made to Saint Lucy, the parish priest changes the ex-votos periodically, hanging the old ones on a banner in front of the statue. Believers rub their eyes over the silver eyes on the banner in hopes of a cure for their ailments.[41]

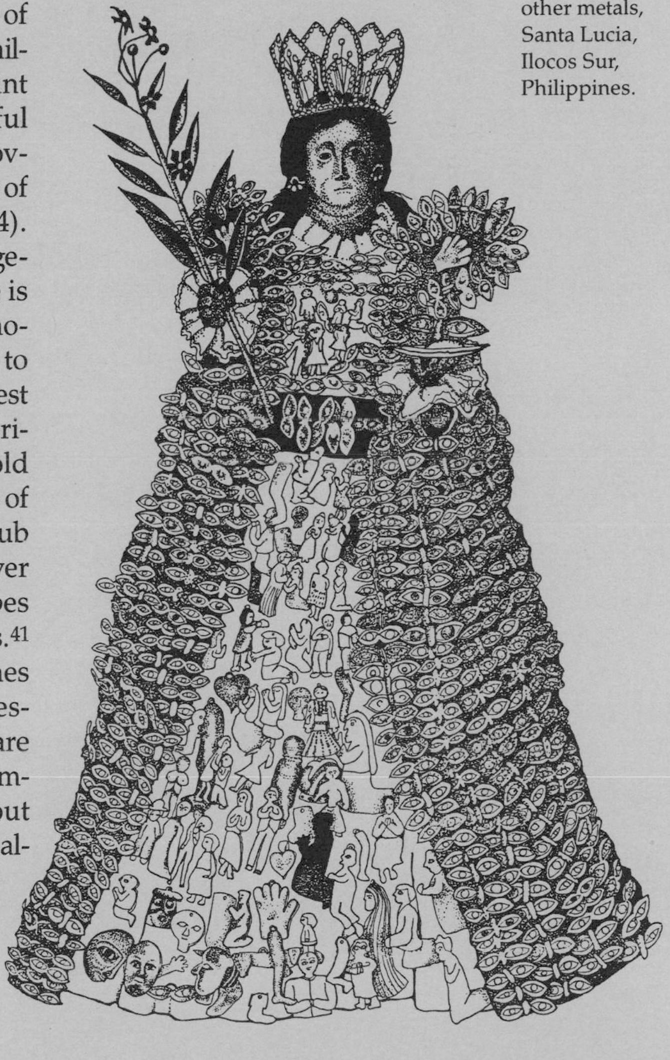

In addition to churches and pilgrimage sites, festooned saints' images are found on private altars common in homes throughout Latin America. Similarly, al-

Fig. 24. Saint Lucy figure, wood with milagros in silver and other metals, Santa Lucia, Ilocos Sur, Philippines.

Fig. 25.
Mixed-metal
milagro,
4.5 cms.,
Perú.

tars with "miraculous" images can also be found in roadside chapels; in niches beside a village well or neighborhood fountain; in grocery stores, workshops, hospitals, and factories; in buses, automobiles, and taxi-cabs; even in bars and houses of prostitution. Wherever one finds a much beloved *santo*, one may also find manifestations in the form of milagros of his or her ability to answer prayers.

Often accompanying offerings of milagros are contemporary votive offerings, such as photographs of the cured person, dog tags, soldiers' medals, hospital ID bracelets, car keys, crutches, diplomas, and other items manifesting a petition or an answered prayer. Likewise, milagros have taken on a contemporary cast, an indication, perhaps, of the adaptability of this age-old custom. Milagros of such objects as airplanes, motorcycles, buses, transistor radios, watches, lawn mowers, lottery tickets, and assault rifles may be, to some extent, supplanting milagros associated with the objects and images of a disappearing agrarian society.

Information on how milagros and ex-votos are actually used by the faithful is difficult to find, as the custom is no longer practiced and has passed from memory in many parts of Latin America. Perhaps the most complete documentation of this folk tradition is that of Puerto Rican ethnologist Teodoro Vidal in his book *Los Milagros en Metal y en Cera de Puerto Rico*. Vidal explains not only the history of milagros in Puerto Rico, but also how milagros are used by the faithful, most commonly in payment of a *promesa* to a favorite saint. If one is suffering from a disease of the throat or neck, he prays to San Blas for a cure; in the case of leprosy, San Lázaro; for assistance in birth, women pray to San Bartolomé and San Ramón; and so forth. Many Puerto Ricans when in need of special help turn to Our Lady of Montserrat of Hormigueros, the Virgen del Carmen, or the Three Kings. In return for a cure or an answered prayer, the petitioner will fulfill his *promesa*, giving the saint, for example, "a silver leg costing six reales," as he promised when he petitioned the saint's intercession in curing a leg ailment.[42] In Puerto Rico, according to Vidal, milagros have always expressed the gratitude of the faithful for answered prayers; the custom of offering a milagro beforehand to induce a saint's favor does not seem to have been part of the Puerto Rican tradition.[43]

Fig. 26. Mixed-metal milagro, 6.5 cms., Perú.

Failure to fulfill a *promesa* can lead to dire consequences, according to traditional folklore. The following *copla* (traditional song), once popular throughout Puerto Rico, warns:

Tuvo su castigo
pa' que recordara
que lo que se ofrece
se debe y se paga.

(He received his punishment
so that he'd not forget
that that which one has offered
one owes and one pays the debt.)[44]

In addition to the petitioner hanging a milagro on the saint in payment of a vow, the custom of the petitioner promising to wear the milagro for a certain period of time if the saint answered the prayer is also chronicled. Vidal notes that in rural Puerto Rico it was formerly common to see devotees wearing milagros on ribbons pinned to their garments or hung from rosaries or worn about their necks on chains.[45]

Although the custom of milagros in the American Southwest is thought to have come recently from México, it appears that it has been a part of Hispanic folk beliefs in the region dating back to the colonial period. Paul Horgan, in his epic history of the Rio Grande Valley, *Great River*, mentions milagros when describing village life along the Rio Grande in the late 1700s:

> The family's favorite saints, in various representations, stood on pedestals or hung on the walls in paintings. To them in mute appeal for aid in particular causes were affixed little votive images call milagros. If a hand was injured, if an ear ached, if rheumatism crippled a leg, if a cow was sick, if sheep were threatened by mountain lions, little silver likenesses of these members or creatures were pinned to a saint in perpetual intercession for relief. A thoughtful household obtaining these from Mexico kept a supply on hand in a little velvet covered casket and produced them as needed.[46]

The materials and ways in which milagros are produced varies to some extent from country to country. Virtually any material can be used to fashion a milagro, although the most common are those made of silver or silver-coated metal. In recent years, as silver and gold have become expensive and difficult for jewelers to obtain, milagros have been made of all types of metal—copper, brass, tin, lead, pot metal, and even aluminum. Wood, bone, plastic, and clay milagros are often evident at pilgrimage sites or around saints' altars. In México, Guatemala, Brazil, Puerto Rico, and other countries, wax milagros are common, as they are also in present-day Crete, Greece, Italy, and Spain. In the Dominican Republic and the state of Chiapas in southern México, one sometimes finds milagros carved in local amber (fig. 49).

In México, Perú, Ecuador, Costa Rica, and Brazil, at least, there have long been cottage industries of mass-produced milagros that are typically cast or stamped out of inexpensive metals. Often these milagros are then washed with silver. In former times even mass-produced milagros were made of silver, which was abundant and relatively inexpensive. Gold milagros were also not uncommon. But because of the value of precious metal, and the little regard held for these offerings, these silver and gold milagros have virtually disappeared. Even the ubiquitous and plentiful silver-plated, pot-metal Mexican milagros, resold in the thousands by the churches, are disappearing. Nevertheless, they can still be obtained in México, where the tradition of milagros is perhaps more widespread and popular than anywhere else in Latin America.

Mexican milagros can most readily be found in the kiosks of religious-goods vendors, which are usually set up in front of the larger churches and at popular pilgrimage sites throughout the republic (fig. 51). Typically, the milagros—either new or those recycled by the church—are hung from brightly colored ribbons, ready for the penitent to pin to the gown or altar of his or her favorite saint, within the church or on the family's altar. Sand-cast Mexican milagros can also be found in market stalls, in jewelers' workshops and storefronts, and in second-hand and antique shops. It should be noted that while one sometimes will see milagros hung on the frame surrounding a saint's image or on the cross of a popular *Cristo*, the milagro-studded crosses, picture frames, and shoe lasts which one sees for sale in México and in the United States are purely decorative objects, not traditional folk-art items.

In other parts of Latin America, as in México, milagros can be purchased from religious-goods vendors. Likewise, village silversmiths and itinerant jewelers, who set up stalls in the markets on market day, customarily keep on hand a small supply of the most often requested milagros.

Of the most interest to folk art enthusiasts and students of popular culture, perhaps, are the one-of-a-kind milagros made by a *platero*—silversmith—at the request of a customer wishing to thank his or her saint for answering a prayer, in commemoration of a milagro, or in payment for a *promesa*. Although occasionally created by the devotee personally, for the most part these special milagros were made by barrio or village *plateros*. This tradition, however, is disappearing along with the *plateros* themselves as younger generations of Latin Americans increasingly turn to mass-produced or imported jewelry.

*Plateros* sometimes used casting or stamping techniques to create these commissioned milagros, but most of the time they were cut out of sheet silver, then hand engraved with a *buril* (burin); sometimes *repoussé* techniques added more detail and form to the piece. Often the silver or gold for the piece was provided by the customer, in the form of coins or discarded jewelry, which the *platero* would then melt down and use for either casting the piece or fabricating the sheet metal out of which he would cut the milagro. Many of these special milagros were highly personal and esoteric, with their exact meaning known perhaps only to the petitioner and his or her *santo*. Sometimes, however, the milagro bears the name or initials of the person making the offering, as well as a date and, some-times, a *dedicatoria* (dedication) to the saint. The "G.R." which one often sees in milagros from Andean countries stands for "*gracias recibido*," in thanks for an answered prayer.

Personal recognition seems not to have been important to the *plateros* who made these pieces as virtually none are signed or stamped with a hallmark. An aspect of this anonymity may have been the religious, mystical, or private nature of the work. The making of milagros was also not the primary activity of a *platero*'s workshop, but rather something of a sideline; indeed, not all *plateros* made milagros. Although the names of most of the milagro-makers have disappeared with their own passing and the fading memories of their clients, some are remembered. Vidal lists over one hundred men and some women known to have made milagros for clients in Puerto Rico over the last cen-tury.[47] The most noteworthy, perhaps, was Ramón Martínez y Martínez, "El Maestro Martínez," born in 1877 in Vega Baja on Puerto Rico's north coast.[48] In Pátzcuaro, México, the Cazares family, Herminio and his son Jesús, although more well known for their coral and silver fish necklaces and their execution of

Fig. 27.
Silver
milagro,
3.5 cms.,
Cuenca,
Ecuador.

Miguel Covarrubias' designs, also made milagros for the local populace.[49] In the Dominican Republic, a nineteenth-century immigrant from Germany, Stephan Weber, who worked as a jeweler in the capital city of Santo Domingo, is still remembered as a milagro-maker.[50] In the southern Ecuadorian city of Cuenca, an area famous for its silver and goldsmiths, Jacinto Quesada Carrión, a *platero* who lived and worked near the 10 de agosto market in the barrio of Del Vado, was known as a source for ready-made milagros; he also made milagros on commission.[51]

In the San Blas islands off the coasts of Colombia and Panamá, silver milagros and *dijes* have traditionally been made for the Kuna Indians by itinerant Black Colombian *plateros*. Since the days when Spanish conquistadors killed the Kunas for their gold, found on the nearby mainland, particularly in the Pito River, it has been a tribal taboo for the Kunas to work gold and silver themselves.[52] Instead, Kunas buy their jewelry from black *plateros* who travel through the islands on *cocoteros*, boats that visit the San Blas archipelago to trade with the Indians for their coconuts. In addition to the traditional gold Kuna jewelry —nose rings, earplates, and breastplates—it appears that these *plateros* have also made silver milagros and or *dijes* for the Indians. In 1974, American trader William Siegal purchased some fifty necklaces that contained silver ornaments, some of which are identical to old Colombian milagros and some of which are very unusual and appear to be specific to San Blas. Large female figures in archaic Kuna dress (fig. 40), fly-wing shaped pendants, Indian heads, and other images often strung on single strands of clear glass trade beads and worn as necklaces are among those peculiar to the islands (fig. 41). Various informants believe that these objects were made on the island of Ustupu by a Black Colombian *platero*, but no one seems to remember their meaning or use.

Like the milagros made by the *plateros*, wax and wood milagros have typically been made by artisans as a sideline to their regular work. A candlemaker or artisan who makes figures out of wax might also produce wax milagros on commission for a penitent or for a religious-goods vendor. Likewise, in northeastern Brazil, where the use of large wooden *milagres* is popular, these are often made by artisans whose main occupation is that of a carpenter or furniture maker.[53]

Throughout the Americas the types of milagros vary from region to region. In Brazil the clenched fist *figa*, used both as an amulet for good luck and as an ex-voto, is omnipresent; it is also found in many other parts of Latin America. In the Andes, milagros of llamas, sheep, cattle, potatoes, and quinoa grain can be found. In coastal regions, on the other hand, the milagros reflect a different economy and ecology. On the Ecuadorian coast, for example, milagros of *cayuco* dugout canoes, banana trees, fish, houses on stilts, rice plants, papaya and pineapple plants, and other manifestations of tropical life are found in use as votive offerings (fig. 65). Guatemala, particularly in colonial times, had a wide variety of three-dimensional milagros. Because the area was frequently decimated by plagues of insects, grasshopper milagros—as well as those of other dangerous insects such as ants, bedbugs, crickets, lice, and flies—were commonly offered to the saints (figs. 11, 85), as were milagro corncobs or grains of

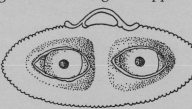

Fig. 28. Silver milagro, Spain, c. 1500–1700.

corn in thanks for successful crops (fig. 16).[54]  Other unusual three-dimensional milagros found in Guatemala are those of an ill person or a corpse on a bed (figs. 22, 29), a forlorn figure hanging on the bars of a cell, copulating animals, a mother nursing a child, a yoke of oxen, and so forth. Unfortunately, few of these unique silver or gold milagros, or, in fact, *any* old milagros, have survived into the present day due to the church's custom of melting them down when the saint's image became too cluttered. The metal often was then utilized to produce some item to adorn the saint's altar, for example, a flower vase or candlesticks.[55] Sometimes the church also recycles milagros, selling them back to jewelers or the vendors of religious goods, who in turn sell them to the faithful to offer to their saints. Folk historian E. Boyd, in discussing the paucity of silver ornaments in colonial New Mexico, describes this practice: "At Taos [1776] Fr. Domínguez said that the incumbent priest, Fr. Olaeta, had removed all bits of silver in the form of crosses, crowns, medals, or reliquaries and gifts of the faithful to the statue of Our Lady of Sorrows to be made into 'a small silver ciborium and cruets.' "[56]

In addition to the use of milagros as devotional items, one often sees in Latin America milagro-like charms used for personal adornment, particularly in women's necklaces. These miniature animals, body parts, household items, tools, and utensils may be identical to those used as votive offerings, but they serve a different purpose. They are generally called *dijes* or *dixes* (charms) and may or may not have a talismanic or amulet purpose for the wearer. The *Dictionary of the Castilian Language*, published in 1732, describes *dijes* as being "medals, reliquaries, pacifiers, little bells and other superstitions in crystal, silver or gold which they put at the children's throats, shoulders or other parts to keep them from some evil, amuse them or adorn them."[57]

In southern México, Guatemala, and El Salvador, Indian women continue to wear elaborate traditional necklaces which feature *dijes*. These necklaces, of multiple strands of coral or glass

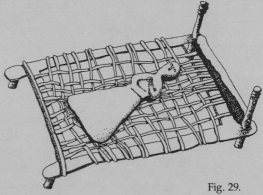

Fig. 29. Silver milagro, Guatemala.

trade beads combined with silver coins, beads, crosses, and *dijes*, are much prized by their owners and are now widely copied (fig. 32). The *dijes* in these necklaces are generally three-dimensional and cast in silver. Typical *dijes* are animals, birds, plants, human figures (some in grotesque or humorous attitudes), and household utensils such as *metates* (grinding stones), water jars, irons, cooking pots, beds, spoons, and brooms. In Guatemala these finely detailed silver miniatures are also known as *pixcoy*.[58] In addition to silver, they may be fashioned from bone, clay, wood, jade, obsidian, spiny oyster shell, and other materials and are often very similar to pre-Columbian jewelry components found in the region.

For the Mayan women of the region, it is possible that the *dijes* or *pixcoy* in their necklaces represent their individual *nahuales*—their animistic alter-ego spirits that guide and protect them. In pre-Conquest times—and possibly up to the present in some forms—each day of the year was assigned to a specific *nahual*, or guiding spirit, in much the same way as each day of the Catholic calendar is assigned to one or more saints. An Indian's *nahual* is determined by the day on which he is born. The *nahual* is a lifelong companion, protecting spirit and counterpart; a per-

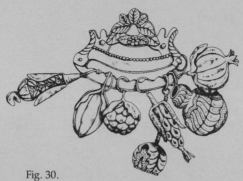

Fig. 30.
Silver
*balangandá*,
Bahía, Brazil.

son may even be able to convert himself into his *nahual*. (The word literally means "witch" (*brujo*) in the Aztec language.) Among the forms that the *nahuales* take are animals, such as deer, rabbit, lizard, snake, toad, and bat; birds, such as crow, quetzal, guacamayo, or hawk; plant life, such as flower, reed, or leaf; objects, such as arrow, stick, stone, broom, *chalchigit* (a low-grade emerald), rope, or flute; or even elements such as fire or hurricane.

Although far less common in recent times than those found in Central America, necklaces featuring *dijes* can also be found in the Andes of South America (fig. 33). In the highlands of southern Colombia and northern Ecuador, Indian women wear *rosarios*, necklaces whose design is based loosely on the Catholic rosary. These long ropes of orange coral or orange or red glass trade beads are interspersed with silver or brass beads, silver coins, or brass or silver *paila dijes* (miniatures of the double-handled brass cooking pan of the region) and have a large silver cross at the bottom. They are used particularly in marriage ceremonies, when the *rosario* is looped over the heads of the wedding couple. In Perú and Bolivia the Indian *rosarios* are generally made of faceted glass trade beads or "squiggle" beads combined with silver coins, silver crosses, religious medals, and tiny three-dimensional silver *dijes* of llamas, dogs, sheep, spoons, forks, cooking pots, birds, and so on. *Dijes* such as these are also used as dangles on the traditional shawl pins—*tupos*—of Perú and Bolivia (fig. 66), as well as decoration on the men's leather coca bags and the authority canes (*bastones de mando*) carried by village headmen (fig. 67). As with the *dijes* of Central America, the *dijes* used by Andean Indian people may simply be decorative elements, but it is also possible that these miniatures have some special significance for the people who wear them.

In Brazil, particularly in the northeast coastal area of Bahía, black slave women and their descendants once wore from their waists elaborate chatelaines which, in addition to household keys, were thick with silver charms, often identical in form to the *milagres* hung by the saints in the churches. This personal and perhaps talismanic clustered pendant, now disappeared from use in Brazil, was known as a *balangandam* or *berenguendem* (an onomatopoeic designation) or *penca* (fig. 30). Typical *balangandam* amulets and adornments are silver babies, fish, padlocks, arms, legs, horses, axes, cashew fruit, parrots, crosses, turtles, coins, and certainly *figas*, the clenched fist good-luck charms that are omnipresent in Brazil.[59] In addition to *dijes*, other silver miniatures found in Latin America that are sometimes mistaken for milagros are the tiny silver items that have been fashioned for the saints as attributes: a tiny pair of silver sandals or a filigree basket for a Santo Niño de Atocha; a silver fish for a San Rafael; or a silver tower for a Santa Barbara. Sometimes these miniatures have been given to the saint in payment of a promise.

Milagros and ex-votos were once such a common custom in Latin America that only rarely did anyone think to mention them in literature or save them from being melted down for their silver or gold content. Like so many other aspects of popular culture and folk art the world over, the custom of using milagros had nearly disappeared entirely before a few present-day collectors, traders, and ethnologists began to collect the pieces and

39

seek out information on the customs surrounding their use. As the traditional peoples of the Americas embrace "modern" life, the age-old Latin custom of thanking the saints with milagros may be a religious practice doomed to disappearance. At the same time, however, the use of milagros seems to be achieving a new popularity among postindustrial people resistant to the onslaught of mass culture and pervasiveness of meaningless manufactured goods. The use of milagros and ex-votos is an ancient and nearly universal practice that may yet endure. At the very least, milagros are certain to be admired for their history, for their cultural importance, and, for folk-art lovers, for their artistry and unique appeal.

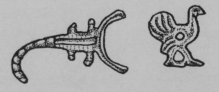

Fig. 31.
Altar retablo
Basílica of
Our Lady of
Ocotlán,
Tlaxcala,
México.

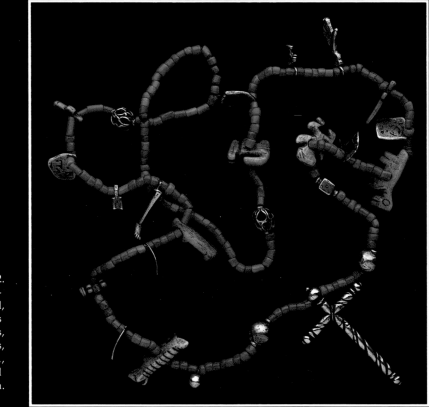

Fig. 32.
*Chachal* neck-
lace: coral,
silver beads
and cross,
bone dijes,
42 cms.,
highland
Guatemala.

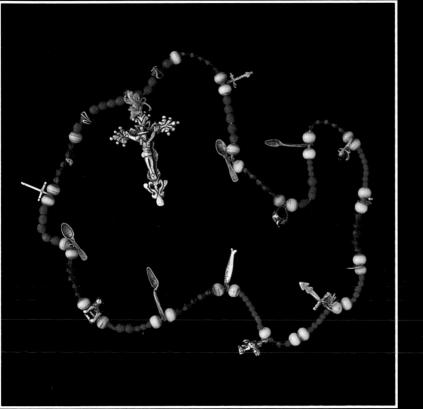

Fig. 33.
*Rosario* neck-
lace: silver
dijes, crosses
and coins
with glass
trade beads,
49 cms.,
highland
Bolivia.

Fig. 34. House of Miracles, shrine to Padre Cícero, Juazeiro do Norte, Ceará, Brazil.

Fig. 35.
*El Ahuehuétl*, "miraculous" cypress near shrine to Our Lord of Chalma, México, México.

Fig. 36.
Gold milagros,
9 cms. max.,
Puná Island,
Guayaquil,
Ecuador.

Fig. 37.
Oil painting,
Puebla,
México,
c. 1650–1750.

Fig. 38.
Mexican silver
milagros in
glass and
tin frame,
60 × 36.5 × 8
cms., collected
by Mexican
architect Luís
Barragán.

Fig. 39.
Silver
milagro.
6.5 cms.
Perú.

Fig. 40.
Silver Kuna
Indian dije,
6.5 cms.,
San Blas
archipelago,
Panamá.

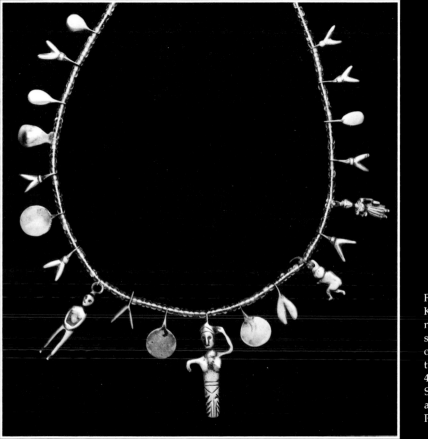

Fig. 41.
Kuna Indian
necklace:
silver dijes
on glass
trade beads,
40.5 cms.,
San Blas
archipelago,
Panamá.

Fig. 42.
Pair of silver
milagros:
Man: 15 cms.;
woman:
12.5 cms.,
Junín, Perú.

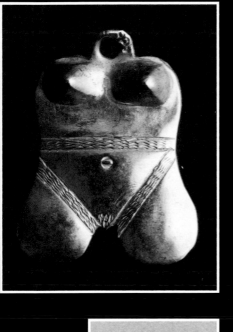

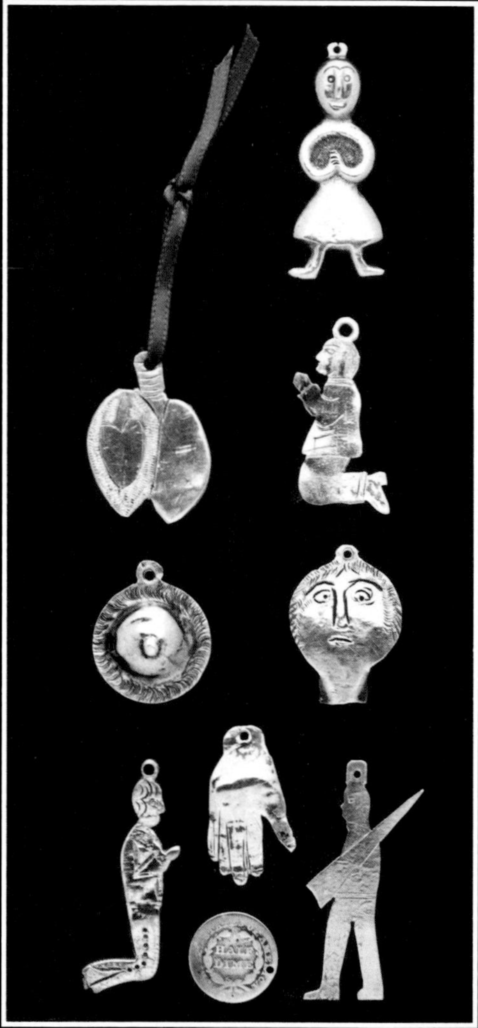

Fig. 46. Silver milagros, 4 cms. max., San Juan (Mesilla), New Mexico.

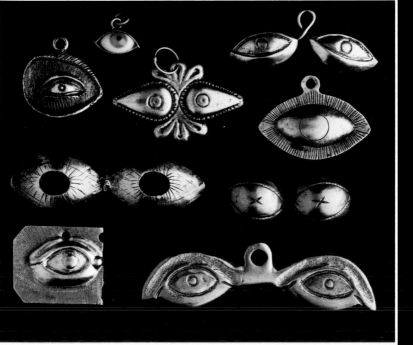

Fig. 47.
Mixed-metal
milagros,
6.5 cms. max.,
Brazil,
Ecuador,
Guatemala,
México, Perú

Fig. 48.
Silver
milagro,
10.5 cms.,
Perú.

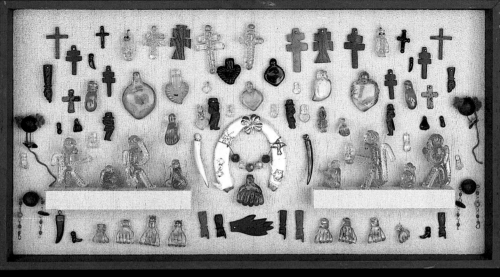

Fig. 49.
Milagros,
amulets, and
dijes in
amber, jet,
black coral
and other
materials,
México.

Fig. 50.
Milagro
vendor,
shrine to
Jacinto Plaza,
Mérida,
Venezuela.

Fig. 51.
Milagro ven-
dor's display,
Tabasco,
México.

Fig. 52.
San Xavier
figure, wood,
gesso and
polychrome,
Mission of
San Xavier
del Bac, near
Tucson,
Arizona.

Fig. 53. Milagro offerings to El Niño Jesús, Northern Puebla, México.

Fig. 54.
House of
Miracles,
shrine to São
Severino,
Pernambuco,
Brazil.

Fig. 55.
Ex-voto,
Church of
San Antonio,
Buena Vista,
Tabasco,
México.

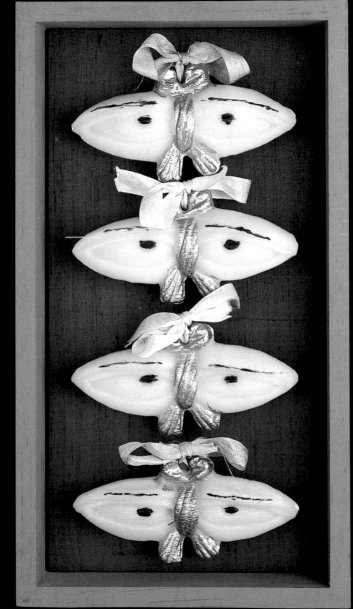

Fig. 56.
Molded wax
milagros,
14 cms.,
Sicily, Italy.

# milagros: Ofrendas Votivas de las Américas

## Prólogo

Cada año, el 12 de diciembre, cientos de miles de peregrinos se dan cita en las afueras de la Ciudad de México, en La Villa, para honrar a Nuestra Señora de Guadalupe, madre espiritual del país y muy amada patrona de las Américas. Algunos de estos peregrinos han hecho un camino de cuatro o cinco días desde sus pueblos nativos, con frecuencia incluso haciendo de rodillas las últimas etapas del viaje. Ésta es sin lugar a dudas una jornada de sacrificios. Entre los muchos devotos, se cuentan enmascarados, bailarines y gente disfrazada con plumaje neo-azteca, todos llenos de energía y fervor religioso. A menudo los músicos que acompañan al peregrinaje van tocando instrumentos de origen precolombino. Esta música que suena durante el día entero, hasta avanzadas horas de la noche, sirve también como un homenaje comunitario a Nuestra Señora. Algunos, provenientes de lugares tan distantes como California y Guatemala, portan presentes que, en algunos casos, forman mosaicos hechos de flores y que representan con sus pétalos la milagrosa aparición de la Virgen al indio Juan Diego en el año de 1531. También es común ver que traen velas, frutas y racimos de flores frescas. Es frecuente que las jóvenes ofrezcan sus trenzas a la Virgen en agradecimiento porque encontraron el amor. Todas estas ofrendas forman parte de la fuerza mayor que impulsa a la religión del pueblo en América Latina: *la promesa*. Ésta es un contrato recíproco, un convenio, si se quiere, entre el creyente y la figura sagrada, habitualmente una advocación popular de la Virgen, un santo o Cristo. A cambio de los favores recibidos (un matrimonio salvado, el restablecimiento de la salud de un niño, una ganancia económica, la conjura de una catástrofe), el creyente realiza un voto solemne de reciprocidad; por ejemplo, emprender un peregrinaje difícil y costoso, bailar con energía y largamente en los templos sagrados, dedicar pinturas que atestigüen la eficacia de los poderes del santo. La *promesa* es universal en América Latina y tiene raíces que se bifurcan en las culturas europeas y prehispánicas.

Cuando se utilizan objetos para cumplir una promesa, éstos se denominan *ex-votos* o *milagros*, de los cuales existen cientos de formas diversas. Descubrí estos fascinantes objetos por primera vez cuando, como estudiante, visité en México el antiguo y misterioso santuario dedicado a Nuestro Señor de Chalma, figura de un Cristo negro muy venerado por la gente de toda la república mexicana. Una de las paradas obligatorias de los peregrinos en su camino a Chalma es El Ahuehuétl, un inmenso ciprés mexicano cuyas fuentes aledañas, según las creencias populares, tienen facultades curativas (fig. 35). Es costumbre fijar ex-votos al grueso tronco del árbol como testimonio de la naturaleza milagrosa del lugar. Entre la gran cantidad de ex-votos que allí había, se encontraban viejas muletas, yesos que habían cubierto una pierna fracturada, miniaturas de partes del cuerpo humano elaboradas en plata o latón que declaraban la recuperación de la vista o la cura de una picadura de escorpión, fotografías de niños que lucían amplias sonrisas tras haber sido rescatados de las garras de la muerte, y bolsitas atadas pulcramente que contenían cordones umbilicales como manifestación de un parto afortunado. Muchas ofrendas tenían notas cosidas a ellas, algunas en una elaborada letra manuscrita, otras obviamente mecanografiadas por un copista público, las cuales describían con lujo de detalles todos los milagros. Recuerdo que me sentí conmovido en lo más hondo por la fuerza de estos objetos. Para un joven educado en el medio estéril del protestantismo sureño, esto fue algo vigoroso y exótico, y hasta hoy recuerdo vívidamente muchos de los rostros y las cosas que hallé durante esa visita.

Desde aquel viaje a Chalma hace ya más de veinticinco años, he visitado cientos de sitios de peregrinaje en toda América Latina, cada uno con su cualidad espiritual particular y su diferente manera de expresarla a través de los objetos votivos. He visto a los creyentes, en Caracas, adornar a sus santos con medallas de graduación y charreteras militares en agradecimiento a la ayuda prestada durante los exámenes finales. He visto a políticos de menor cuantía que dejaban fotos de su toma de posesión en capillas especiales del noreste de Brasil, junto con otros peregrinos que depositaban esculturas en madera y de tamaño natural de brazos, piernas, pechos y otras partes del cuerpo, en agradecimiento a los milagros efectuados en estas regiones (figs. 34, 54). En las iglesias costeras del sureste mexicano, los marineros agradecidos ofrendan barcos de madera, muchos cargados con minúsculas tallas de los miembros de la tripulación en reconocimiento de un santo por su protección durante una tormenta en altamar (fig. 55). En la capilla de Nuestro Señor de Monserrate, en la cordillera muy por encima de la ciudad de Bogotá, se venden reproducciones de cera de distintas partes del cuerpo humano y de niños a los peregrinos que desean dar gracias por los milagros recibidos. En el santuario de Nuestra Señora de la Altagracia en Higuey, en la

República Dominicana, encontré fascinantes ex-votos, principalmente de plata, que representaban viviendas, automóviles y animales domésticos, además de las diversas partes del cuerpo humano, labrados en forma exquisita. Las niñas indígenas mayas de las Tierras Altas de Chiapas todavía ofrecen sus primeras telas en reconocimiento por su habilidad para tejer. En Quito, los peregrinos presentan pequeños ex-votos de metal en forma de racimos de plátanos, cacao y otras frutas, en señal de agradecimiento por una cosecha abundante.

Se pueden hallar ex-votos en las grandes catedrales de Lima, Río de Janeiro y La Paz, lo mismo que en las silenciosas y humildes capillas rurales o en los pequeños santuarios situados a la vera de los caminos. Son de todo tamaño, color y matiz. En realidad, la variedad de estos ex-votos latinoamericanos resulta tan numerosa como los lugares donde se encuentran. No obstante, su única función consiste básicamente en el cumplimiento de una promesa y, por lo tanto, en el cierre de la brecha vertical entre el devoto y los poderes que controlan el destino humano. Para aquellos de nosotros que observamos el fenómeno desde afuera, estos objetos constituyen una importante ventana a la sociedad y la cultura latinoamericanas.

*Marion Oettinger, Jr.*
*Encargado de Arte Popular y*
*Latinoamericano*
*Museo de Arte de San Antonio*

# Mílagros

Cuando se visita una iglesia católica en América Latina, se advierte que una estatua o el altar de un santo se encuentra literalmente festoneado de toda clase de ofrendas votivas, depositadas allí por los creyentes: flores, fotografías, medallas religiosas, misivas escritas a mano, estampitas, rosarios e, invariablemente, diminutas piezas de oro o plata que representan partes del cuerpo humano, animales, plantas y enseres domésticos. Estas miniaturas se conocen con el nombre de *milagros* (en portugués, *milagres*). Como estas miniaturas son ofrecidas a un santo principalmente en gratitud por haber respondido a las oraciones del devoto, conmemoran un "hecho milagroso": un bebé que se ha curado de una enfermedad, un cerdo que ha tenido una cría numerosa y saludable, un soldado que ha regresado sano y salvo de la guerra, una cosecha que se ha salvado de una plaga de insectos, etc. Como se trata de una ofrenda votiva, los milagros también reciben el nombre de "ex-votos." No obstante, esta palabra se refiere a una gran variedad de ofrendas realizadas por los creyentes a los santos de su preferencia, o a la imagen de Cristo o de la Virgen. Una de sus formas más populares e interesantes está dada por las representaciones pintadas en latón, madera, papel o lienzo, las cuales describen una cura o un rescate de carácter milagroso. Al igual que los milagros, los ex-votos pintados de América Latina son tradiciones populares católicas que poseen raíces en antiguas prácticas y creencias mediterráneas.

Aunque es posible hallar milagros elaborados en una gran variedad de materiales, como cera, madera, hueso o diferentes metales, tradicionalmente están hechos de plata (o un metal parecido) y, en ocasiones, de oro. Asimismo, en América Latina a veces se ven miniaturas semejantes a los milagros que se utilizan

Fig. 57.
Silver
milagro,
Spain,
c. 1500–1700.

como adorno para la ropa, joyas u objetos personales, o como atributos de un santo; pese a que en ocasiones no se distinguen por su forma de los milagros de las ofrendas votivas, estas miniaturas son sólo amuletos, dijes, talismanes o, simplemente, elementos decorativos. Es el modo en que se usa la miniatura de un animal o de una parte anatómica, y no meramente su configuración, lo que la determina como milagro.

Los milagros constituyen antiguas tradiciones populares que han trascendido los siglos y los límites de diversas culturas. La idea de ofrendar a una deidad miniaturas que simbolizan nuestras preocupaciones parece ser casi universal y nos llegan desde tiempos inmemoriales. Cuando el hombre se encara a enfermedades, mala fortuna, guerras, hambres y otras amenazas al bienestar de su familia, acude a los seres sobrenaturales en busca de ayuda e intercesión. Se realiza toda clase de ofrendas, desde artículos de fabricación casera hasta sacrificios humanos, para obtener el socorro de las deidades y ganarse su favor. Los milagros constituyen un tipo de ofrenda presentada a través de los siglos en la cuenca del Mediterráneo y en las regiones del Nuevo Mundo conquistadas por los pueblos ibéricos. Los usos y las formas de estas miniaturas anatómicas y figuras de animales y seres humanos no han sufrido prácticamente ningún cambio desde, por lo menos, la época de la Grecia clásica hasta el presente en las regiones latinoamericanas donde siguen formando parte de la cultura popular.

En su evolución durante los siglos posteriores a la Conquista, la cultura de América Latina ha amalgamado necesariamente las tres tradiciones más importantes: la americana

70

nativa, la negra africana y la ibérica. El uso actual de los milagros y ex-votos parece ser también una síntesis de las tradiciones comunes de estas tres culturas.

Antes de la conquista de las Américas en el siglo XVI, todos los grupos nativos de estas tierras tenían, en apariencia, determinadas costumbres relativas a la presentación de estas ofrendas a sus divinidades. Debido a que los conquistadores europeos destruyeron brutal y sistemáticamente templos y sitios sagrados, además de que reprimieron y castigaron con severidad a los pueblos americanos por practicar sus tradiciones y su religión, es muy poco lo que hoy sabemos de sus creencias y prácticas religiosas anteriores a la Conquista. La escasa documentación existente en forma de códices y registros escritos fue destruida casi por completo junto con los sacerdotes y castas capaces de interpretarla. Aparentemente, los primeros cronistas se concentraron más en los aspectos sensacionalistas de las prácticas religiosas precolombinas, como sacrificios humanos y de animales, y nos dicen poco acerca de la manera en que las personas comunes hacían sus ofrendas y buscaban la asistencia y el amparo de sus dioses. Abunda la evidencia física de tales ofrendas: tazones con efigies, amuletos, figuras de animales o seres humanos, pero muy poco se sabe sobre cómo se empleaban en realidad estos objetos que, a menudo, son tan bellos e intensamente personales.

Aun así, el historiador Métraux nos

Fig. 58. *Tunjo* votive offering, cast gold, 13.3 cms., Muisca culture, Colombia, c.1500.

describe en *Les Incas* uno de los principales centros religiosos de esta cultura, Coricancha o el "Precinto Dorado" del Templo del Sol en Cuzco, el cual atraía a grandes multitudes de peregrinos y servía como modelo para los templos provinciales. El Coricancha estaba compuesto por una serie de edificios rectangulares, moradas de dioses y sacerdotes, dentro de un enorme recinto cerrado. "En el Coricancha había un pequeño jardín que el Inca cultivaba simbólicamente durante el festival de la siembra. Tres veces por año, se plantaban allí plantas de maíz de oro, con hojas y mazorcas del mismo metal."[1]

En términos muy generales, sabemos en definitiva que antes de la llegada de los europeos en 1492 los moradores de las Américas solicitaban y propiciaban a sus deidades mediante una gran diversidad de ofrendas: comidas, bebidas, flores, sacrificios humanos y de animales, y numerosas y variadas efigies, como figuras antropomórficas o zoomórficas de arcilla, piedra, madera, hueso, concha, oro, plata, platino, ámbar, esmeralda, turquesa, jade y otros materiales comunes o preciosos. Se han descubierto numerosas ofrendas de efigies en los *cenotes* (albercas sagradas) de la península de Yucatán, en las *huacas* (montículos sagrados del Perú), en las pirámides mexicanas, en las lagunas sagradas de Colombia (fig. 58), en las antiguas *kivas* del suroeste norteamericano y en otros incontables centros religiosos de los pueblos precolombinos. Sin embargo, como los europeos arrasaron tan eficazmente el orden político y reprimieron las tradiciones culturales de los pueblos nativos de las Américas, muy poco se sabe hoy acerca del uso y los significados de esos objetos guardados con tanto celo en las vitrinas de los museos. A

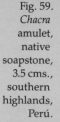

Fig. 59. *Chacra* amulet, native soapstone, 3.5 cms., southern highlands, Perú.

pesar de ello, se puede aprender mucho de las creencias y prácticas tradicionales entre los pueblos contemporáneos: los indios de la Amazonia que hablan la lengua quechua y son descendientes de quienes escaparon al dominio español refugiándose en las selvas, los grupos indígenas de los Andes, los indios pueblo del suroeste norteamericano, los kuna de Panamá y Colombia, los mayas de Centroamérica y otros grupos cuyas creencias y ceremonias religiosas todavía incluyen el uso de ofrendas en forma de efigies, amuletos y talismanes.

Los indios del altiplano andino de lengua quechua y aymará, por ejemplo, todavía se sirven de amuletos especialmente tallados en piedra —llamados *canopas* o *illas* en quechua y *mullu* en aymará—para aumentar sus rebaños, prevenir enfermedades, atraer amigos y amantes, protegerse a ellos y sus hijos, así como a sus moradas, cosechas y animales, para que los ayuden en la con-

Fig. 60. *Chacra* weaving amulet, native soapstone, 4.5 cms., southern highlands, Perú.

fección de sus tejidos y en la comunicación con los espíritus (fig. 4).[2] Algunos de estos amuletos de piedra sólo son utilizados por el curandero, mientras que otros son personales y se portan en la *ch'uspa* (bolso para guardar coca). Esculpidos normalmente en esteatita blanca o rosácea, los amuletos tienen formas humanas o de animales como llamas, ovejas y vacas. Estos últimos, con figura de animal, también suelen ser denominados *chacras*, pues se acostumbra enterrarlos en los campos de pastoreo o cultivo llamados "chacras." Otros amuletos de esteatita, piedras en forma de tabletas rectangulares con motivos geométricos, se conocen con el nombre de "mesas." Se los considera "asiento de los espíritus" y se emplean en ceremonias parecidas a sesiones espiritistas para comunicarse con las ánimas. Otro tipo de "mesa," con figuras de casas, personas, animales y, algunas veces, también motivos geométricos semejantes a los que se encuentran en los "asientos de los espíritus," es el conocido como *uta illa* (amuleto de la casa) que sirve para proteger la vivienda y los bienes familiares (fig. 72).[3]

La costumbre de usar *canopas*, *illas* y "mesas" es muy antigua en los Andes. En su libro sobre prácticas religiosas del Imperio Inca, el historiador ecuatoriano Jijón y Caamaño los menciona: "Los llevaban en sus módulas considerandoles como talismanes, cuya presencia los protege contra enfermedades y desgracias (fig. 71)."[4]

La costumbre entre los esclavos africanos de llevar amuletos, talismanes y milagros como objetos de devoción contribuyó también a la tradición latinoamericana de los ex-votos y milagros. Arrancados por la fuerza principalmente del Africa Occidental desde la segunda mitad del siglo XVI, los esclavos no podían traer más que sus sólidas creencias espirituales y sus costumbres. En las regiones americanas donde predomina la población negra, como las zonas litorales del Brasil y el Caribe, las costumbres religiosas incluyen en la actualidad ofrendas de ex-votos que mantienen un carácter distintivamente africano. En la mayoría de sus países de origen, las prácticas religiosas siguen ejecutándose en el seno de sociedades secretas, como en la época de la esclavitud. El significado exacto y el uso de ofrendas en forma de efigies, talismanes y amuletos, empleados entonces como ahora, constituye una información que, por lo regular, no se comparte con extraños. En términos muy generales, puede decirse que en las Américas los negros se sirven de los milagros y ex-votos, pero también poseen otro tipo de amuletos, talismanes y efigies que se usan como ofrendas para hacer peticiones a sus antiguas deidades; desde luego, estas costumbres varían de una región a otra. Las sectas *candomblé* del noroeste brasileño, las sectas *voudun* o *vudú* de Haití y la santería caribeña son religiones de influencia africana que también

Fig. 61. Mahogany milagres: Leg: 32 cms.; head: 22 cms., northeast Brazil.

recurren a las ofrendas de efigies para realizar peticiones y propiciar a sus dioses. Sin embargo, los seguidores de estas sectas también emplean milagros y rezan a los santos de la religión católica.

En el noreste del Brasil se pueden encontrar ex-votos que combinan tanto creencias de las culturas afro-brasileñas como de los indios nativos. Según el etnólogo brasileño Luis Saia, ambos grupos sostienen que las enfermedades y la mala fortuna son consecuencia de que el cuerpo se vea invadido por una fuerza invisible e intangible, tal vez de un espíritu. Debido a que esta fuerza entra al cuerpo por medios mágicos, hay que emplear los mismos medios para extraerlas. Un sinnúmero de rituales puede obligar a que la enfermedad y la mala suerte salgan del cuerpo a través de un objeto en el cual quedan aprisionadas. El objeto es luego enterrado, arrojado al mar o a un río o se lo deposita en un lugar donde vive el "demonio" y donde quedará guardado.[5] En el noreste brasileño, estas costumbres se fusionaron con la tradición ibérica de los ex-votos, produciendo la creencia de que estos últimos podían controlar y neutralizar los agentes causantes de las enfermedades y la mala fortuna. Los *milagres* del noreste del Brasil son de tamaño grande y representan miembros, cabezas, cuerpos y órganos internos, tallados en caoba del país casi a escala natural (figs. 5, 61). Es posible hallarlos en capillas, centros de peregrinaje como Canindé en el estado de Ceará y en muchos *cruzeiros de acontecido*, sitios donde se produjeron muertes violentas, como accidentes automovilísticos, los cuales están señalados con una cruz y donde también se coloca toda clase de ofrendas.[6]

A pesar de que las culturas americanas nativas, al igual que las africanas, han influido indudablemente las prácticas relativas

Fig. 62. Silver ex-voto, 14.5 cms., Italy.

al uso de los milagros en América Latina, esta costumbre popular parece provenir de las tradiciones católicas mediterráneas, en particular de los españoles y los portugueses. Cuando los conquistadores declararon que el Nuevo Mundo pertenecía a su pueblo, a su Dios, a su rey y a su reina, los milagros ya eran de uso generalizado en la península ibérica y, por lo tanto, formaban parte del bagaje de los viajeros que arribaron a estas tierras. Pero incluso entonces la costumbre era muy antigua y se remontaba a la época de los primeros asentamientos humanos en el Mediterráneo.

Se pueden encontrar ofrendas votivas de forma casi idéntica a los milagros utilizados actualmente en las capillas mexicanas, por ejemplo, en las excavaciones arqueológicas de toda la cuenca del Mediterráneo, desde el norte de Africa, a través de Medio Oriente y por toda Europa hasta el extremo norte de la península Escandinava. El empleo de milagros como ofrendas votivas parece ser anterior a la historia escrita del Mediterráneo. En las cuevas de las culturas cazadoras de los Alpes se han descubierto ofrendas talladas en valiosos huesos de oso, las cuales datan del Paleolítico.[7] En Italia, se hallaron efigies de bronce del período etrusco en el Monte Falcone. Algunas de ellas señalan determinada parte de su cuerpo, como indicación del órgano enfermo, según creen ciertos arqueólogos.[8] En otros centros etruscos como Vulci, Calvi y Cervetri se han encontrado efigies semejantes a los milagros que representan caballos, vacas, cerdos, manzanas, granadas, uvas, seres humanos y partes del cuerpo como pies (incluso pies planos), piernas deformes, una cabeza con dos heridas, oídos, ojos, órganos internos, intestinos y úteros.[9]

La historia de los milagros y ex-votos es quizás aun más antigua en Grecia, donde la costumbre pervive. Los ciudadanos de la Grecia Clásica acudían con frecuencia a sitios especiales, sobre todo a los templos del diós de la Medicina, Esculapio, con la esperanza de curarse de alguna enfermedad. En Corinto se han descubierto piezas de cerámica de tamaño natural que representan cabezas, orejas, ojos, manos, píerna, pies, senos y órganos genitales masculinos; todas ellas están dedicadas al diós Esculapio y datan de los años 480 al 325 a.de J.C.[10] Las excavaciones en el templo de Epídaro muestran que los creyentes, que provenían de toda Grecia, presentaban ofrendas de oro, plata, hierro, arcilla y piedra, las cuales se parecen mucho a los milagros de la actualidad.[11] También se ofrecían a Esculapio en Epídaro miniaturas que representaban instrumentos quirúrgicos, zapatillas, almohadas, botellas y otros objetos

Fig. 63.
Silver tama,
4.5 cms.,
Greece.

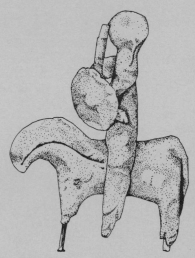

Fig. 64.
Iberian
terracotta
votive offering,
Spain,
c. 500–100 b.c.

de uso personal, como abánicos y espejos, los cuales debieron tener algún significado simbólico para el donante.[12]  En apariencia, también en la Grecia Clásica existía la costumbre de presentar a los dioses no sólo pequeñas imágenes de personas curadas de una enfermedad o salvadas de un peligro, sino además de los propios dioses. Se dice que Pericles ofrendó a la diosa Atenea una miniatura que la representaba en agradecimiento por haber salvado la vida de un trabajador que se había caído de un andamio.[13]

La costumbre de usar como ofrendas milagros, denominados *tamata* en griego moderno, para propiciar a los santos, alabarlos y venerar sus íconos perdura en la Grecia de hoy y entre las comunidades oriundas de ese país que residen en Estados Unidos (Filadelfia, Queens, Tarpon Springs, Florida y otros lugares). Por lo general, las *tamata* actuales son grandes rectángulos de plata o latón prensados y grabados; las imágenes más comunes son ojos, personas enteras, Volkswagens, brazos, piernas y animales domésticos (figs. 6–8, 63). El término *tamata* también se refiere a otros tipos de ofrendas votivas.[14]

En tiempos de los romanos, en el Mediterráneo, las ofrendas a los dioses se conocían con el nombre de *donaria*. Eran características las partes del cuerpo humano de plata, bronce o cerámica, además de placas votivas con la descripción del milagro que se había producido. En España, durante las épocas romana y de los visigodos, eran comunes las ofrendas votivas en forma de guirnaldas, lámparas, cruces y otros objetos.[15]  En particular, en la región ibérica conocida históricamente como

Turdetania (hoy Andalucía), se descubrieron numerosos ex-
votos de bronce, algunos forjados, otros fundidos, en sitios que
se cree fueron centros sagrados para los íberos (del 500 al 100
a.de J.C.).[16] Características de los milagros ibéricos son las
pequeñas figuras humanas, ya sea con los brazos extendidos o
en postura orante, además de ojos, estómagos, piernas, brazos
y caballos, algunos con jinetes que portan sus escudos (figs. 3,
9, 64). Se cree que estos milagros ibéricos se presentaban ante la
deidad para solicitar un favor; más tarde, ya en el cristianismo,
su propósito consistía en agradecer el favor prestado.[17]

En suma, la tradición, los hallazgos arqueológicos y los
registros escritos parecen indicar que la costumbre de los
milagros u ofrendas votivas semejantes es muy antigua en el
Mediterráneo y común no sólo entre griegos, romanos, etruscos
e íberos anteriores al cristianismo, sino también entre visigodos,
fenicios, egipcios, celtas, minos, teutones y otros pueblos.

A medida que el cristianismo se extendió por el Mediterráneo, sus santos se convirtieron en objetos de la veneración y
las plegarias de los suplicantes en lugar de las antiguas deidades
paganas. Particularmente en la España católica, se pensaba que
los santos eran capaces de influir en todos los aspectos de la vida
cotidiana, como mediadores entre Diós y el hombre. Cada aldea,
cada profesión, cada fiesta y cada día del calendario adquirieron
su santo patrón. Los niños recibían los nombres de los santos
correspondientes al día de su nacimiento. No se los adoraba;
más bien, su función consistía en interceder ante Dios, la Virgen
o Jesucristo para que protegieran al hombre de toda suerte de
desgracias y para que lo ayudaran a tener buena fortuna.

Los milagros y ex-votos, cuya forma no sufrió gran cambio

desde la época precristiana, eran los principales medios para que el creyente agradeciera a los santos por responder a sus plegarias. A lo largo de los siglos, la costumbre parece haber ganado gran popularidad en España, Portugal, el sur de Alemania, el Tirol austríaco, Italia, Francia, Suiza, Bélgica y Polonia (básicamente, las regiones católicas tradicionales de Europa Occidental), así como en Grecia y las zonas de Asia Menor y el Mediterráneo que tienen grandes poblaciones de creyentes de los ritos griego ortodoxo y oriental. Durante la Edad Media, en estas regiones se produjeron grandes cantidades de artículos votivos, entre los que se hallaban los milagros.[18] Una gran variedad de figuritas humanas estilizadas, partes del cuerpo, órganos internos, animales, plantas y enseres personales se fabricaban en cera, plata, a veces oro, hierro, plomo, seda e, incluso, miga de pan. Años más tarde, se utilizó papel para la producción masiva de ex-votos.[19] Durante el siglo XVI, las ofrendas confeccionadas en tela alcanzaron popularidad en Alemania.[20]

A través de los siglos, artistas de renombre crearon milagros o ex-votos verdaderamente suntuosos por encargo de personas adineradas. El más famoso es quizás el que, según la tradición, encargó el conquistador de México, Hernán Cortés, quien lo ofreció en 1528 a la patrona de su tierra, Extremadura, Nuestra Señora de Guadalupe, en el monasterio que lleva su nombre, en Guadalupe, España.[21] Su propósito era agradecer el haberse curado de una picadura de escorpión que había sufrido en su Hacienda de Yautepec, México.[22] Este ex-voto consistía en un escorpión de oro que, en su interior, contenía el caparazón del animal real que supuestamente picó a Cortés. Se dice que fue manufacturado de un modo exquisito según el estilo español del siglo XVI por artesanos indígenas de México.

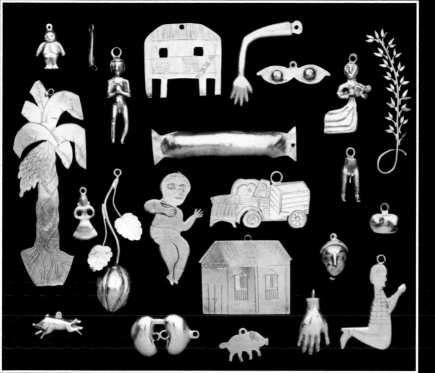

Fig. 65.
Silver and
mixed-metal
milagros,
10.5 cms.
max., Puná
Island,
Guayaquil,
Ecuador.

Fig. 66.
Silver *tupo*,
with silver
dijes and
glass trade
beads,
10 cms.,
Potosí, Bolivia.

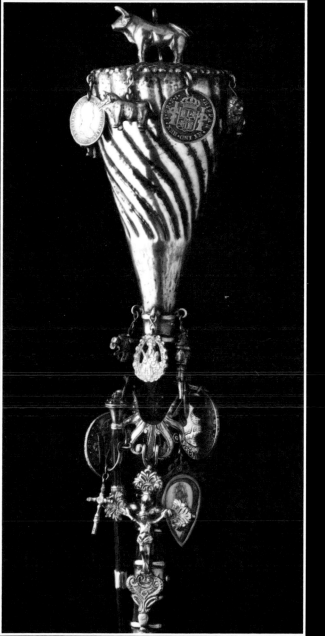

Fig. 67.
*Bastón de mando*/
authority's cane, wood with silver dijes, coins, crosses, religious medals, glass trade beads, 1 m., highland Bolivia, c. 1800.

Fig. 68.
Silver
milagro,
5 cms.,
Puná Island,
Guayaquil,
Ecuador.

Fig. 69.
Silver horse-
race milagro,
4.5 cms.,
Puná Island,
Guayaquil,
Ecuador.

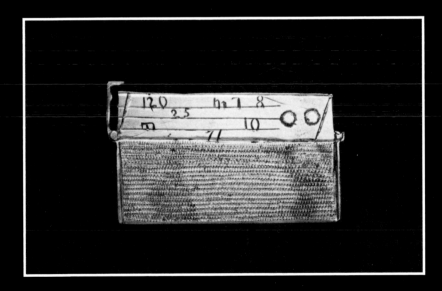

Fig. 70.
Silver
milagro,
4 cms.,
Cuenca,
Ecuador.

Fig. 71.
*Canopa*
amulets, brass
and copper,
6 cms.,
southern
highlands,
Ecuador.

native soapstone, 17 cms., southern higlands Perú.

Fig. 73.
an José with
child Jesús,
wood with
gesso and
polychrome,
silver
milagros,
62 cms.,
Puerto Rico.

Existe una pieza que se cree fue el ex-voto de Cortés, un pendiente de oro finamente esmaltado con cuarenta y tres esmeraldas, además de rubíes y perlas colgantes. Pero el animal representado no es un escorpión, sino más bien un dragón alado (*draco*); asimismo, el estilo de la pieza es más característico de un período posterior.[23] Se la puede observar en Madrid, en el Instituto de Valencia de Don Juan.

Durante los siglos del cristianismo hasta el presente, las ofrendas votivas europeas, incluyendo los milagros, fueron presentadas a los santos preferidos en iglesias, capillas, altares domésticos y sitios de peregrinaje, para expresar gratitud o como testimonio por curaciones o súplicas concedidas, y se las depositaba junto con muletas, aparatos ortopédicos, ex-votos pintados y toda clase de ofrendas y testimonios de curas o plegarias respondidas. Actualmente, esta tradición casi ha desaparecido en Europa, salvo en Italia, Creta, Sicilia y algunas regiones españolas, como Andalucía, Cataluña y Mallorca (figs. 21, 62).

En el sur de Alemania, zona católica, la costumbre se hallaba difundida y era muy popular en el pasado, especialmente entre el campesinado. Además de emplear milagros como ojos, piernas, brazos y animales, cuyo uso era común a todo el Mediterráneo, los alemanes del sur tenían la tradición de los milagros que podrían denominarse simbólicos, utilizados en particular para cuestiones relacionadas con el sexo, la reproducción y los órganos genitales. A principios de este siglo, el destacado etnólogo alemán Richard Andrée publicó un estudio pionero sobre las ofrendas y los

Fig. 74.
*Wickelkind*
ex-voto,
molded wax,
southern
Germany
and Austria,
c. 1600–1800.

artículos votivos tradicionales empleados por los
creyentes de esta región.
Aunque estas prácticas ya
estaban desapareciendo entre los católicos alemanes,
Andrée pudo obtener información sobre el significado
de algunos milagros y ex-votos, la cual fue confirmada por otros
etnólogos alemanes y suizos en estudios más recientes.

Las mujeres que querían tener hijos, agradecer un buen
parto o pedir ayuda en un parto difícil ofrecían milagros en
forma de llaves a los santos de su devoción.[24] Los ex-votos en
figura de martillo eran símbolos fálicos, que representaban las
preocupaciones de los hombres, como el deseo de tener descen-
dencia, potencia sexual y un matrimonio afortunado.[25] La com-
binación de un martillo y una llave, o un martillo y clavos
utilizada como ex-voto hace referencia al acto sexual.[26] Las
coronas y las guirnaldas simbolizaban el amor, y las doncellas
las colgaban junto al santo de su preferencia con la esperanza de
encontrar amor y desposarse. Los cuchillos podían representar
dolores agudos, pero también aludían a la brujería o el crimen.
Los corazones, en particular los de cera sobre pequeños
pedestales, no sólo simbolizaban problemas cardíacos, sino de
cualquier órgano interno. Los milagros en forma de flecha sig-
nificaban epidemias y peste (fig. 75).[27]

Uno de los milagros simbólicos más curiosos es el que tiene
forma de rana, comúnmente de cera, el cual se utilizaba para
representar al útero (fig. 12). Durante la Edad Media, era creencia popular que el útero de la mujer constituía una entidad

independiente, un órgano con características de animal, que podía moverse por el interior del cuerpo, levantarse, caer, arañar y morder. Incluso podía abandonar temporalmente el cuerpo.[28] Hasta por lo menos el siglo XVI, algunos europeos incluso creían que los hombres tenían útero al igual que las mujeres.[29] Las ranas también fueron símbolos uterinos para griegos, romanos y, posiblemente, los pueblos escandinavos.[30] En ocasiones, la tortuga, la salamandra o el cocodrilo poseían el mismo significado.[31] Otro símbolo empleado en el sur de Alemania para connotar al útero era una bola con púas, labrada en madera, cera o hierro, a la que en ocasiones se le da el nombre de "puerco espín."[32] Los ex-votos en forma de rana eran ofrecidos a los santos por las mujeres con el fin de expresar sus inquietudes con respecto a la infertilidad o el aborto y para agradecer un embarazo feliz. Cuando los hombres los ofrendaban, estos ex-votos simbolizaban cólicos y problemas de hemorragias intestinales.[33] Los milagros en forma de rana se seguían vendiendo en el sur de Alemania a principios del siglo XX y, por lo regular, estaban hechos de cera.[34]

Se cree que la costumbre de los milagros y ex-votos llegó a extenderse por toda Europa durante la Edad Media y que alcanzó su culminación en las etapas finales del período gótico, cuando se hallaba en auge la proliferación de los santos, en la época de la Regla de Oro.[35] Debido a que se han encontrado milagros y ex-votos en casi todas las áreas del Caribe, América Central y del Sur, México y el suroeste de Norteamérica, así como en las Filipinas y las provincias de habla francesa del Canadá, se puede presu-

Fig. 76. Silver ex-voto, southern Germany, c.1600–1700.

Fig. 77.
Silver
milagro,
Spain,
c. 1500–1700.

poner con bastante certeza que la costumbre fue introducida al Nuevo Mundo por los conquistadores y que los nuevos cristianos de estas regiones adaptaron con prontitud esta particular tradición católica a sus antiguas creencias y prácticas. Gracias a las bitácoras de navegación de Cortés, se sabe, por ejemplo, que éste llevaba pendientes en forma de barco y otros ex-votos cuando se lanzó a la conquista de México.[36]

La costumbre de los milagros resulta más obvia en la actualidad en determinados centros de peregrinación del continente americano, donde los creyentes se reúnen para solicitar el socorro de la Virgen o el santo de su devoción, o también para dar cumplimiento a alguna promesa debida a una curación o un ruego respondido. Muchos de estos centros fueron asimismo sitios de curación para los nativos antes de la Conquista. Quizás el más famoso es La Villa de Guadalupe, donde se encuentra el santuario de Nuestra Señora de Guadalupe, en la Ciudad de México; aquí concurren los creyentes de todo el país, viajando a veces a pie, a veces incluso de rodillas las últimas cuadras antes de llegar, con el fin de solicitarle a la Virgen de Guadalupe su intercesión o para agradecerle su respuesta a alguna plegaria. El altar principal de la antigua basílica, que data de 1695, se encontraba recubierto por los miles de milagros que los devotos presentaban a la Virgen. A la distancia, parecía que el altar se hallaba tapizado de capas de plata repujada. Debido a los daños causados por el terremoto de 1985, la antigua basílica está ahora clausurada y el altar fue trasladado al Museo de Guadalupe adyacente. Otro centro de peregrinaje

92

en México es la Basílica de Nuestra Señora de Ocotlán, en Tlaxcala. También aquí se han dedicado milagros a la Virgen en tal cantidad que la iglesia los ha utilizado como elementos decorativos. Sobre el altar mayor hay una imagen de la Virgen de 1.48 m. de alto en una vitrina en el retablo mayor; detrás de ella se encuentra una immensa estrella de cinco puntas, cubierta por entero de milagros, principalmente corazones (fig. 31). Debajo del nicho, cuatro floreros de lados achatados descansan encima del altar de

Fig. 78. Silver milagro, 3 cms., Guatemala.

plata. Los lados de los floreros están tapizados de milagros. En otras iglesias mexicanas, se observa con frecuencia que los santos o la Virgen están vestidos con trajes de un brocado muy elaborado o que los altares están cubiertos del mismo material. Al acercarse, se descubre que los diseños florales son en realidad efecto de los millares de milagros labrados en oro o plata.

En Guatemala, los creyentes hacen peregrinaciones para visitar al Cristo Negro en el Santuario de Nuestro Señor de Esquipulas, y con frecuencia cumplen sus promesas con milagros. Nuestro Señor de Esquipulas también es venerado en el norte de Nuevo México, en el Santuario de Chimayó, un sitio considerado sagrado y fuente de curaciones desde mucho antes de la llegada de los españoles y al cual todavía acude un gran número de peregrinos en busca de salud. Este santuario es uno de los pocos lugares donde todavía se usan milagros en Estados Unidos como objetos de devoción.[37] Otro es la Misión de San Javier del Bac, al sur de la ciudad de Tucson, Arizona, donde la imagen de San Javier recibe de sus devotos numerosas ofrendas incluyendo milagros (fig 52).

Una popular meca de peregrinaje en América Central, donde el uso de milagros resulta muy claro, es Cartago, antigua capital de Costa Rica, fundada en 1563. En las estribaciones del volcán Irazú se encuentra la Basílica de Nuestra Señora de los Ángeles, de estilo bizantino, dedicada a la patrona de ese país. En la basílica, se venera la imagen indígena de "La Negrita," que mide solamente 15 centímetros de alto. La razón de que cientos de peregrinos de toda América Central acudan a rendirle homenaje reside en los grandes poderes curativos que se le atribuyen a esta imagen. En el santuario hay una fuente de agua que, en la creencia popular, también tiene poderes de curación y que está rodeada por los regalos ofrecidos a "La Negrita," entre los que se cuentan pinturas de ex-votos que conmemoran un "milagro," muletas, fotografías de personas sanadas, testimonios escritos de curas milagrosas e infinidad de milagros en miniatura.

En todas las zonas costeras de América Latina se encuentran numerosos santuarios y capillas ubicados junto al mar, donde los pobladores de la región, los pescadores y sus familias ruegan por un feliz retorno de altamar y una buena pesca. En estas capillas se veneran las imágenes de Cristo, la Virgen, San Rafael, San Andrés, San Cristóbal, San Pedro y muchos otros. En las costas brasileñas, los marineros adoran al *Bom Jesus dos Navigantes* o a *Nossa Senhora da Boa Viagem*, entre otros. Se cree que estas imágenes son cristianizaciones de Iemanjá, la diosa del mar afro-brasileña.[38] Los santuarios costeros se hallan repletos de milagros o *milagres*, donados por los creyentes y que representan barcos pesqueros, veleros, peces, remos y otros objetos relacionados con las actividades naúticas. En Motupe, pequeño pueblo de pescadores al norte del Perú, cerca de Chiclayo, hay una capilla popular que en el pasado estaba llena de una serie de objetos devocionales relacionados con el mar, entre los que figuraban barcos de plata, algunos de ellos casi de tamaño natural.[39] Debido al valor de la plata con la cual estaban elaborados los milagros, grandes y pequeños, y por la pobreza de la región, virtualmente todos estos objetos han desaparecido.

Fig. 79. Mixed-metal milagros, 2.5 cms. max., Perú.

Cerca de la costa noreste de Venezuela, en la isla Margarita, peregrinos, isleños, marineros y buceadores de perlas rinden homenaje a la Virgen del Valle. El santuario dedicado a esta Virgen está recubierto de toda clase de objetos y ofrendas votivas, incluso milagros, que reflejan las preocupaciones de quienes se ganan el sustento en actividades marinas. Como Margarita, al igual que la vecina isla de Cubagua, fue en un tiempo famosa por la belleza y la calidad de las perlas que producían sus aguas, entre las ofrendas votivas llevadas a la Virgen del Valle se encuentran algunas que tienen incrustaciones de perlas, muchas de una gran hermosura y otras, incluso, de formas curiosas, como piernas, corazones, cabezas, las cuales posiblemente se ofrecieron como milagros a la patrona de la isla.

Aun cuando en muchas regiones latinoamericanas la costumbre de los milagros es desconocida o se la ha relegado al olvido, la mayoría sigue teniendo centros de peregrinaje importantes donde se pueden hallar milagros adornando las vestimentas o los altares de una imagen popular. En las estribaciones orientales de los Andes Ecuatorianos, por ejemplo, en la región de aguas termales de Baños, la Basílica de Nuestra Señora de Santa Agua atrae a muchos peregrinos que acuden allí con la esperanza de recuperar la salud por medio de la intercesión de la santa en las fuentes de aguas milagrosas del lugar. Los miles de milagros y otros artículos devocionales son testimonio de la fe de los creyentes. En el sur de Colombia, en la ciudad de Ipiales, casi en el límite con Ecuador, el Santuario de la Virgen de Las Lajas atrae a peregrinos de ambos países, que van allí esperando obtener una cura milagrosa o para cumplir una promesa a la Virgen; grandes cantidades de milagros y otros objetos devocionales adornan su imagen.

En la ciudad de San Salvador de Bahía, en la costa brasileña, la iglesia de *Nosso Senhor do Bomfim* posee un inmenso salón lleno de testimonios de curas milagrosas y de ruegos atendidos. El novelista Jorge Amado nos describe la devoción de sus coterráneos al Señor de Bomfim:

> Durante muchos años el santo ha efectuado milagros portentosos. Salva al náufrago, cura leprosos, tuberculosos y dementes, cierra una herida de bala y desvía en el último instante el filo de la daga asesina. Retratos por docenas, piernas, manos, brazos y cabezas de cera, pinturas de accidentes terribles, llenan esta sala enloquecedora que es el museo más extraño que se pueda imaginar. Ofrendas costosas y ofrendas pobres, milagros grandes y milagros pequeños. El Señor de Bomfim es un recopilador de milagros, el que hace llover y contiene las crecidas de los ríos, el que protege los plantíos y evita las epidemias.[40]

Aunque determinada imagen puede ser muy popular y venerada en una región, tal vez sea casi desconocida en otra no muy alejada. En Bolivia, por ejemplo, son pocos los creyentes que han oído hablar de la Virgen de La Leche, una imagen popular en el vecino Cuzco, en Perú. En el altiplano, cerca del Lago Titicaca, los bolivianos elevan sus plegarias a Nuestra Señora de Copacabana, cuya capilla en las costas del lago atrae a miles de peregrinos cada año. Pero en Oruro, en el mismo país, Nuestra Señora de Socavón, la santa patrona de los mineros, es quizás más popular, mientras que en Sucre los creyentes veneran a Nuestra Señora de Guadalupe; esta última, una virgen negra, posee una apariencia y atributos totalmente diferentes a la virgen mexicana, y se parece más a la imagen de Guadalupe, en el poblado español de este nombre.

Por el contrario, otras imágenes de la letanía católica de los santos son universalmente consideradas como patronos de uno u otro asunto en todo el mundo ibérico. Santa Lucía, por ejemplo, es venerada como patrona de las personas afligidas por enfermedades de la vista, desde España hasta Brasil y México, e incluso en las Filipinas. En la población de Santa Lucía, Ilocos Sur, en las Filipinas, la imagen de la santa, a quien los devotos ruegan la cura de sus problemas oculares, está enteramente cubierta de milagros, la mayoría ojos de plata (fig. 24). La gente del pueblo considera que esta imagen de madera, oscurecida por los años, tiene poderes milagrosos. Hay milagros en cada pulgada de sus vestiduras. Los sacerdotes de la parroquia cambian periódicamente los ex-votos para colocar nuevas ofrendas y cuelgan las anteriores en un estandarte ubicado delante de la estatua venerada. Los devotos se estregan los ojos en este estandarte con la esperanza de restablecerse de sus enfermedades oculares.[41]

Además de iglesias y centros de peregrinaje, hay imágenes de santos festoneadas de milagros y ex-votos en los altares familiares, comunes en los hogares latinoamericanos. De modo semejante, se pueden hallar altares con imágenes milagrosas en las capillas erigidas a la vera de los caminos, en los nichos construidos cerca del pozo del pueblo o de la fuente del barrio, en los almacenes, talleres, hospitales, fábricas, autobuses, automóviles, taxis e, incluso, en bares y prostíbulos. Siempre que nos encontremos con un santo, también nos toparemos con manifestaciones, en la forma de milagros, sobre su poder para atender las plegarias.

Junto con las ofrendas votivas, como los milagros, que tradicionalmente se hacen a los santos, también se encuentran objetos más modernos, como fotografías de personas restablecidas de una enfermedad, identificaciones militares, medallas de soldados, brazaletes de identificación de los hospitales, llaves de automóviles, muletas, diplomas y otros artículos que expresan un ruego o conmemoran un favor concedido. Asimismo, los tipos de milagros han asumido formas más contemporáneas, indicación quizás de la adaptabilidad de esta antigua costumbre. Los milagros constituidos por aviones, motos, autobuses, radios a transistores, relojes, cortadoras de césped, billetes de lotería y rifles de asalto, tal vez están sustituyendo hasta cierto punto a los asociados con la sociedad agrícola en vías de desaparición: animales domésticos, cultivos, plagas de insectos, herramientas agrícolas.

Fig. 80. Mixed-metal milagro, 3.5 cms., Perú.

Resulta difícil conseguir información sobre el uso real que dan los creyentes a los milagros y ex-votos, pues la costumbre está más allá de la memoria o

98

la moda en muchas regiones de América Latina. Tal vez la documentación más completa sobre el particular es la compilada por el etnólogo portorriqueño Teodoro Vidal. En su libro *Los Milagros en Metal y en Cera de Puerto Rico*, Vidal no sólo explica la historia de estos objetos en Puerto Rico, sino que además nos habla de su uso entre los creyentes, casi siempre como cumplimiento de una promesa al santo de su devoción. Si una persona sufre de una enfermedad de la garganta o el cuello, le reza a San Blas en busca de cura; si padece lepra, a San Lázaro; para recibir ayuda en el parto, las mujeres elevan sus plegarias a San Bartolomé y San Ramón, etc. En caso de necesitar un socorro especial, muchos portorriqueños acuden a Nuestra Señora de Montserrat de Hormigueros, la Virgen del Carmen o los Tres Reyes. A cambio de la curación o la concesión del favor, el suplicante cumple una promesa, por ejemplo, "una pierna de plata que cueste seis reales" ofrecida al santo cuando el devoto solicita la intercesión de éste en la cura de un problema en su pierna.[42] Vidal afirma que en Puerto Rico los milagros siempre han expresado la gratitud del creyente por los favores recibidos; la costumbre de ofrecer un milagro con antelación para propiciar al santo no parece haber formado parte de la tradición portorriqueña.[43]

De acuerdo con Vidal, el incumplimiento de la promesa puede acarrear consecuencias temibles, según el folklore tradicional. La siguiente copla, que alguna vez fuera muy popular en todo Puerto Rico, nos advierte:

Tuvo su castigo
pa' que recordara
que lo que se ofrece
se debe y se paga.[44]

Además de colgar un milagro al santo como pago de la promesa, Vidal también menciona la costumbre entre los suplicantes de prometer usar el milagro durante cierto tiempo si el santo responde su plegaria. En el Puerto Rico rural, antes era común ver a los devotos llevando milagros prendidos con cintas al pecho, colgados del rosario o de una cadena en el cuello.[45]

Aunque se piensa que la costumbre de los milagros en el suroeste estadounidense ha llegado en épocas recientes de México, parece haber formado parte de las creencias populares hispanas de la región, las cuales datan del período colonial. Paul Horgan, en su historia épica del valle de Río Grande, *Great River*, menciona los milagros cuando describe la vida de los pueblos ubicados en las riberas de ese río a fines del siglo XVIII:

> . . . los santos de devoción familiar, en sus diversas representaciones, eran estatuas colocadas sobre un pedestal o pinturas colgadas de la pared. Sobre ellos se fijaban, en muda demanda de socorro para causas particulares, pequeñas imágenes votivas denominadas milagros. Si una persona se lastimaba la mano, si le dolía el oído, si el reumatismo le incapacitaba una pierna, si se enfermaba una vaca, si los gatos monteses amenazaban a las ovejas, se prendían del santo pequeñas reproducciones de plata de estos miembros anatómicos o de estas criaturas en busca de una con-

stante intercesión para lograr ayuda. Una familia previsora que conseguía tales milagros en México siempre mantenía a la mano una reserva en una cajita aterciopelada y los sacaba según los fuera necesitando.[46]

Los materiales y las formas de los milagros varían hasta cierto punto de país en país. Se puede emplear casi cualquier material para su elaboración, aunque los más comunes son la plata o los metales bañados en plata. En épocas recientes, como la plata y el oro se han vuelto costosos y los joyeros no los consiguen con facilidad, se han fabricado milagros de todo tipo de metal: cobre, bronce, latón, plomo, metal blanco e incluso aluminio. Con frecuencia se observan milagros de madera, hueso, plástico y arcilla en los centros de peregrinaje o rodeando los altares de los santos. En México, Guatemala, Brasil, Puerto Rico y otros países, son comunes los milagros de cera, que también se ven actualmente en Creta, Grecia, Italia y España. En la República Dominicana y el estado de Chiapas en el sur de México se encuentran en ocasiones milagros tallados en el ámbar de estas regiones (fig. 49).

Al menos en México, Perú, Ecuador, Costa Rica y Brasil existen desde hace mucho industrias caseras que producen milagros en serie; por lo general, éstos se elaboran fundiendo o grabando metales baratos, y es muy frecuente que luego se los bañe en plata. En el pasado, incluso los milagros producidos en serie eran de plata, la cual abundaba y resultaba relativamente barata. También eran comunes los milagros de oro. Pero debido al valor de los metales preciosos y la baja estima en que se tienen las ofrendas votivas, los milagros de plata y oro han desapare-

Fig. 82.
Silver
milagro,
6 cms.,
San Francisco
Viggé, Baja
California,
México.

cido casi por completo. Incluso están desapareciendo los milagros mexicanos más abundantes y ubicuos, en forma de medallas de metal vaciado y bañado en plata, que las iglesias revendían por millares. No obstante, todavía es posible conseguirlos, particularmente en México, donde esta tradición se halla quizás más extendida y es más popular que en cualquier otra parte de América Latina.

Los milagros mexicanos pueden conseguirse sin dificultades en los puestos de vendedores de objetos religiosos, que por lo regular se colocan frente a las grandes iglesias y en los centros de peregrinaje más populares de toda la república (fig. 51). Normalmente, los milagros, ya sean nuevos o reciclados por las iglesias, cuelgan de cintas de colores brillantes, listos ya para que el penitente los prenda a la túnica o el altar del santo de su devoción en la iglesia o en el altar de su casa. También es posible hallar milagros vaciados de México en los puestos del mercado, en los talleres y tiendas de los joyeros y en los comercios de antigüedades y de artículos usados. Debe advertirse que, aunque en ocasiones se ven milagros prendidos del marco de una pintura de un santo o sobre la cruz de un Cristo popular, las cruces y hormas de zapato recubiertas de milagros, que se encuentran en México y en Estados Unidos son objetos puramente decorativos, y no artículos de tradición folklórica.

En otras partes de América Latina, al igual que en México, se pueden comprar milagros con los vendedores de objetos de culto. Asimismo, los orfebres locales y los joyeros ambulantes, que colocan sus puestitos en las plazas el día del mercado, disponen habitualmente de una pequeña reserva de los milagros que se solicitan con mayor frecuencia.

De sumo interés para los aficionados al arte folklórico y los estudiosos de la cultura popular son quizás los milagros "exclusivos" labrados por un platero a solicitud de un cliente que desea agradecer a su santo un favor concedido, conmemorar un "milagro" o pagar una promesa. Aunque en ocasiones el devoto los elaboró personalmente, en la mayoría de los casos estos milagros especiales fueron creaciones del platero del barrio o el poblado. Sin embargo, esta tradición está desapareciendo, junto con los plateros, a medida que las generaciones jóvenes latinoamericanas se vuelcan cada vez más a las joyas producidas en serie o importadas.

Aunque algunas veces los plateros usaban las técnicas de fundición o prensado para crear estos milagros por encargo, generalmente se elaboraban con láminas de plata donde se grababan a mano los detalles con un buril; con la técnica del repujado a veces se añadían otros detalles y otra forma a la pieza. Con frecuencia, el cliente suministraba el oro o la plata, ya fueran monedas o joyas en desuso, que el platero fundía y empleaba después para vaciar la pieza o para fabricar la lámina de la cual iba a cortar el milagro. Muchos de estos milagros especiales eran muy personales y esotéricos, y su significado exacto sólo era conocido quizás por el suplicante y su santo. Sin embargo, en ocasiones el objeto lleva el nombre o las iniciales de la persona que lo ofrendó, una fecha y una dedicatoria al santo. Por cierto, el "G.R." que con frecuencia se observa en los milagros de los países andinos significa *"gracias*

Fig. 83.
Silver milagro,
3.5 cms.,
Perú.

*recibido,"* aludiendo a la concesión del favor.

Los plateros que hacían estas piezas casi nunca las firmaban ni les grababan su distintivo, prefiriendo trabajar en el anonimato quizás debido a la naturaleza de estas obras, las cuales se consideraban como místicas, mágico-religiosas y personales. Además, la producción de milagros no constituía el propósito primordial de los plateros, sino más bien un trabajo secundario que no todos ellos hacían. Aunque los nombres de la mayor parte de estos creadores de milagros desaparecieron con su muerte y con las memorias de sus clientes, algunos siguen siendo recordados. Vidal presenta una lista de más de cien hombres y algunas mujeres que se sabe que elaboraron milagros a solicitud de los clientes en Puerto Rico durante el siglo pasado.[47] Quizás el más destacado fue Ramón Martínez y Martínez, "El Maestro Martínez," nacido en Vega Baja, en la costa norte de Puerto Rico, en 1877.[48] En Pátzcuaro, México, la familia Cazares, Herminio y su hijo Jesús, aunque más conocida por sus collares de pescaditos de plata y coral y por la ejecución de los diseños de Miguel Covarrubias, también produjo milagros para la población local.[49] En la República Dominicana, un inmigrante alemán del siglo XIX, Stephan Weber, trabajó como joyero en la ciudad capital de Santo Domingo y todavía es recordado como fabricante de milagros.[50] En Cuenca, ciudad ubicada en el sur de Ecuador, una región famosa por sus plateros y orfebres, Jacinto Quezada Carrión, un platero que vivía y trabajaba cerca del mercado "10 de Agosto" en el barrio de Del Vado, era conocido por fabricar milagros en serie y por encargo.[51]

En las islas de San Blas, frente a las costas de Colombia y Panamá, los plateros ambulantes negros de Colombia han confeccionado tradicionalmente milagros y dijes de plata para los indios kuna. Desde la época en que los conquistadores españoles asesinaban a los kunas por su oro, que se encuentra en la tierra firme cercana, en especial en el río Pito, ha sido tabú para estos indios trabajar ellos mismos el oro o la plata.[52] Por tal razón, los kunas compran sus joyas a los plateros negros que a veces viajan por las islas en los *cocoteros*, botes que recorren el archipiélago de San Blas para comerciar con los indígenas a cambio de cocos. Además de las joyas de oro tradicionales de los kunas (narigueras, orejeras y pectorales), los plateros aparentemente también elaboraban los milagros y dijes de plata. En 1974, el comerciante estadounidense William Siegal compró alrededor de cincuenta collares con ornamentos de plata, algunos de los cuales son idénticos a los antiguos milagros colombianos, mientras que otros resultan muy poco habituales y parecen ser específicos de San Blas: grandes figuras femeninas con el arcaico vestido kuna (fig. 40), pendientes en forma de alas de mosca, cabezas indígenas y otras imágenes, a menudo ensartadas en una sola hilera de cuentas de vidrio transparente y usadas como collares (fig. 41). Algunos informantes creen que estos objetos fueron confeccionados en la isla de Ustupu por un platero colombiano negro, pero nadie parece recordar su significado ni su utilidad.

Como los fabricados por los plateros, los milagros de cera y madera son elaborados normalmente por artesanos como una actividad complementaria de su trabajo regular. Una persona que produce velas o figuras de cera también puede realizar milagros por encargo de un penitente o de un comerciante de artículos religiosos. En el noreste del Brasil, donde los grandes "milagres" de madera son muy populares, quienes se ocupan de elaborarlos son artesanos cuya principal actividad es la carpintería o la ebanistería.[53]

En el continente americano, los tipos de milagros varían de región en región. En Brasil, el puño cerrado o *figa*, usado como amuleto y como ex-voto, es omnipresente; también se lo encuentra en otras partes de América Latina. En los Andes, son comunes los milagros que representan llamas, ovejas, vacas, papas y granos de quinoa. En las zonas litorales, estos objetos reflejan otra economía y ecología. En la costa ecuatoriana, por ejemplo, se emplean como ofrendas votivas milagros que representan *cayucos* o piraguas, matas de plátano, viviendas sobre pilares, plantas de arroz, papaya y piña, y otras manifestaciones de la vida tropical (fig. 65). Guatemala, particularmente durante la época colonial, presentaba una amplia gama de milagros tridimensionales. Debido a que la región era arrasada con frecuencia por plagas de insectos, se ofrecía regularmente a los santos milagros que representaban saltamontes y otros insectos dañinos: hormigas, chinches, grillos, piojos y moscas (figs. 11, 85), además de mazorcas o granos de maíz, en

Fig. 84.
Silver
milagro,
6 cms.,
Ecuador.

agradecimiento por las cosechas abundantes (fig. 16).[54] Otros milagros tridimensionales poco comunes encontrados en Guatemala son los que simbolizan a una persona enferma o un cadáver en una cama (figs. 22, 29), un preso desesperado que cuelga de los barrotes de la celda, animales en cópula, una madre que amamanta a su bebé, una yunta de bueyes, etc. Desafortunadamente, muy pocos de estos milagros de excepción, labrados en oro y plata, han llegado a nuestros días, pues la iglesia solía fundirlos cuando la imagen del santo ya estaba demasiado cargada de objetos votivos. Después de fundirlo, se usaba el metal para fabricar otros adornos del culto del santo, como floreros o candelabros.[55] En ocasiones, la iglesia "recicla" los milagros vendiéndolos de nuevo a los joyeros o a los comerciantes de artículos religiosos,

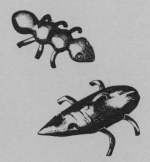

Fig. 85. Silver milagros, 2.5 cms. max., Guatemala.

quienes a su vez los revenden a los creyentes para que los ofrenden a los santos. Al referirse a la escasez de ornamentos de plata en el Nuevo México colonial, la historiadora E. Boyd describe esta práctica: En 1776, "en el pueblo de Taos, Fray Domínguez señala que el sacerdote a cargo, Fray Olaeta, recogió todas las piecitas de plata en forma de cruces, coronas, medallas o relicarios y donaciones que los creyentes habían hecho a la estatua de Nuestra Señora de los Dolores para confeccionar un pequeño sagrario y unas vinajeras."[56]

Además del uso de milagros como artículos devocionales, en América Latina es frecuente ver piezas que se asemejan a los milagros pero que se emplean como adorno personal, en especial en los collares de las mujeres. Estas miniaturas de animales, partes del cuerpo humano, enseres domésticos, herramientas y utensilios pueden ser idénticas a las ofrendas votivas; sin embargo, como ya se indicó, poseen otro propósito. Por lo general reciben el nombre de "dijes" o "dixes," y pueden o no servir como talismán o amuleto. El *Diccionario de la Lengua Castellana*, publicado en 1732, los describe como "Evangelios, relicarios, chupadores, campanillas y otras bruxerías pequeñas de crystal, plata u oro que ponen a los niños en la garganta, hombros u otras partes, para preservarlos de algún mal, divertirlos o adornarlos."[57]

En el sur de México, como en Guatemala y El Salvador, las indias todavía llevan los collares tradicionales, adornados con dijes. Estos collares están compuestos por hileras de cuentas de coral o vidrio (que se empleaban como elementos de trueque), combinadas con monedas de plata, cuentas, cruces y dijes; son muy apreciados por sus dueñas y en el presente se los copia profusamente (fig. 32). Por lo general, los dijes de estos collares suelen ser figuras tridimensionales de plata fundida. Normalmente representan animales, pájaros, plantas, seres humanos (algunos en posturas grotescas o humorísticas) y utensilios domésticos como *metates* (piedras de moler), jarros de agua, planchas, ollas de cocina, camas, cucharas, escobas y muchos otros. En Guatemala, estas miniaturas de plata finamente decoradas también reciben el nombre de *pixcoy*.[58] Además de plata, pueden estar confeccionadas en hueso, arcilla, madera, jade, obsidiana, concha espinosa y otros materiales de la región y con frecuencia se parecen mucho a las joyas precolombinas que se encuentran en la región.

Para las mujeres mayas de esta zona, es posible que los dijes o *pixcoy* que adornan sus collares también representen a sus *nahuales* individuales, los espíritus protectores y *alter egos* que las guían y las libran del mal. Al menos en la época anterior a la Conquista (y en cierta medida incluso en el presente) existía la costumbre de dedicar cada día del año a un nahual o espíritu-guía específico, de la misma manera en que el calendario católico asigna uno o más santos a cada día del año. El nahual de un indio se determina según su día de nacimiento y será su compañero de por vida, espíritu protector o *alter ego*. Una persona puede incluso llegar a transformarse en su nahual. (El término significa literalmente "brujo" en lengua azteca.) Los nahuales son animales como venados, conejos, lagartos, culebras, ranas y murciélagos; y pájaros como el cuervo, el quetzal, la guacamaya o el halcón; dentro del reino vegetal, puede

Fig. 86.
Silver *guardapelos*, 8.5 cms., Guatemala.

tratarse de una flor, el bejuco o una hoja; o también son objetos como una flecha, un palo, una piedra, una escoba, una *chalchigit* (esmeralda de muy baja calidad), un lazo, una flauta; e incluso elementos como el fuego o el huracán.

Aunque en tiempos recientes son mucho menos comunes que los collares indios de América Central, todavía se encuentran collares adornados con dijes en los Andes Sudamericanos (fig. 33). En las tierras altas del sur de Colombia y el norte de Ecuador, las mujeres indígenas llevan rosarios que constituyen una interpretación libre del adminículo católico tradicional. Estas largas hileras de coral anaranjado o de cuentas de vidrio anaranjado o rojo están combinadas con cuentas de bronce o plata, monedas de plata, o *dijes de pailas* de bronce o plata (miniaturas de las ollas de dos asas, en bronce, que se usan en la región), y ostentan una gran cruz de plata en su extremo. En particular, se usan durante la ceremonia del matrimonio, en que el rosario se enrolla sobre las cabezas de los desposados. Tanto en el Perú como en Bolivia, los rosarios indios están hechos por lo general de cuentas de vidrio facetado o pintado combinadas con monedas y cruces de plata, medallas religiosas y pequeños dijes tridimensionales de plata que representan llamas, perros, ovejas, cucharas, tenedores, vasijas de cocina, pájaros, etc. Este tipo de dijes también cuelgan de los tradicionales broches para

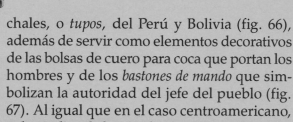

Fig. 87.
Silver animal
milagros:
Horse:
2.6 cms.;
pig: 2.2 cms.,
Guanajuato,
México.

chales, o *tupos*, del Perú y Bolivia (fig. 66), además de servir como elementos decorativos de las bolsas de cuero para coca que portan los hombres y de los *bastones de mando* que simbolizan la autoridad del jefe del pueblo (fig. 67). Al igual que en el caso centroamericano, los dijes usados por los indios de los Andes pueden ser simples elementos decorativos, aunque también es posible que estas miniaturas posean algún significado especial para las personas que las llevan.

En Brasil, y particularmente en la zona costera del noreste que rodea a Bahía, las esclavas negras y sus hijas usaban alrededor de la cintura elaboradas *chatelaines* que, además de las llaves de la casa, estaban cargadas de dijes de plata, a menudo idénticos en su forma a los milagros colocados junto a los santos en las iglesias. Actualmente en desuso, este abigarrado adorno personal, que tal vez también era un amuleto, se conocía como *balangandá*, *berenguendem* (nombre onomatopéyico) o *penca* (fig. 30). Los amuletos o adornos del *balangandá* característico eran figuras en plata de bebés, pescados, candados, brazos, piernas, caballos, hachas, loros, marañones, tortugas, cruces, monedas y, sin duda, también *figas*, el puño cerrado que simboliza la buena suerte y que es omnipresente en Brasil.[59] Además de los dijes, otras miniaturas de plata halladas en América Latina y confundidas en ocasiones con los milagros son las pequeñas piezas que se confeccionan como atributos de los santos: un par de minúsculas sandalias o una cesta en filigrana para el Santo Niño de Atocha, un pescado para San Rafael o una torre para Santa Bárbara, etc. A veces se obsequian estas miniaturas al santo en pago de una promesa.

Los milagros y ex-votos fueron en el pasado tan comunes en América Latina que casi nadie se preocupó de mencionarlos en la literatura o de salvarlos de la fundición, a la que se los destinaba por su contenido de oro y plata. Como con tantos otros aspectos de la cultura popular y el arte folklórico de todo el mundo, la costumbre de usar milagros casi había desaparecido por completo cuando unos cuantos coleccionistas, comerciantes y etnólogos de la actualidad comenzaron a buscar información sobre las prácticas que la rodeaban y a salvar algunos de estos objetos de la destrucción. A medida que los pueblos tradicionales de las Américas abracen la vida "moderna," la antigua costumbre de agradecer a los santos con milagros puede convertirse en una de esas prácticas religiosas condenadas a desaparecer. Sin embargo, al mismo tiempo, el uso de milagros, bajo nuevas formas, parece estar adquiriendo cierta popularidad entre la gente de la época post-industrial que se resiste al furioso ataque de la cultura de masas y al predominio de los bienes industriales carentes de significación. El uso de milagros y ex-votos constituye una práctica antigua y casi universal que todavía puede sobrevivir, incluso en estos agitados tiempos de cinismo e incredulidad. Al menos, no cabe duda de que los milagros serán admirados por su historia, su importancia cultural y, para los amantes del arte folklórico, por su estética y particular atractivo.

# Works Cited

Alonso de Rodríguez, Josefina. *El Ex-voto y el Arte de la Platería en Guatemala, Tradiciones de Guatemala #3*, Centro de Estudios Folkloricos. Guatemala, C.A.: Universidad de San Carlos, Editorial Universitaria, 1975.

Amado, Jorge. *Bahía de Todos os Santos*. São Paulo: Livraria Martins Editora, 1966.

Andrade, Jaime, and Olga Fisch, etc. *Arte Popular del Ecuador. Tomo II*. Quito: Centro Audiovisual de la Universidad Central, 1970.

Andrée, Richard. *Votive und Weihegaben des Katolischen Volks in Süddeutschland*. Braunschweig: Verlag Friederick Vieweg und Sohn, 1904.

Bercht, Fatima. *Brazilian Ex-Votos: Devotional Sculptures from Northeast Brazil*. New York: Alfred Kren Gallery, 1985.

Boyd, E. *Popular Arts of Spanish New Mexico*. Santa Fe: Museum of New Mexico Press, 1974.

Brooks, John, ed. *The 1984 South American Handbook*. Bath, England: Trade and Travel Publications, 1983.

*Catáleg del Museu Frederic Marés*. Barcelona: Ajuntament de Barcelona, 1979.

Davis, Mary, and Greta Peck. *Mexican Jewelry*. Austin: University of Texas Press, 1963.

*Diccionario General de Americanismos*. Primera Edicion. *Tomo I*. Méjico, D.F.: Editorial Pedro Robredo, 1942.

Dwyer, Jane Powell, and Edward Bridgman. *Traditional Art of Africa, Oceania and the Americas*. San Francisco: Fine Arts Museum of San Francisco, 1973.

Emmerich, André. *Art Before Columbus*. New York: Simon and Schuster, 1963.

———. *Sweat of the Sun and Tears of the Moon: Gold and Silver in Pre-Columbian Art*. New York: Hacker Art Books, 1984.

Fox, Robin Lane. *Pagans and Christians*. San Francisco: Harper and Row, 1986.

Furst, Peter, and Karen Reed. *Stranger in Our Midst*. Washington, D.C.: The Peace Corps, 1970.

Gantner, Theo. *Geformtes Wachs*. Basel: Schweitzerisches Museum für Volkskunde. Basel: Druck G. Krebs, A.G., 1980.

Gatbonton, Esperanza Bunag. *A Heritage of Saints: Colonial Santos in the Philippines*. Manila: Editorial Associates, 1979.

Hansmann, Liselotte, and Lenz Kriss-Rettenbeck. *Amulett und Talisman*. München: Verlag Georg D. W. Callwey, 1977.

Horgan, Paul. *Great River: The Rio Grande in North American History*. New York: Holt, Rinehart and Winston, 1954.

*House of Miracles: Votive Sculpture from Northeastern Brazil*. New York: Américas Society, 1989.

Inturrisi, Louis. "Votive Figures for Collectors." New York: *New York Times*, Section 5, February 19, 1989.

Jijón y Caamaño, Jacinto. *La Religión del Imperio de los Incas*. Quito: 1919.

Kalb, Laurie. *The Function of the* Tama *Among Greek Philadelphians*. Philadelphia: University of Pennsylvania, 1984.

Kay, Elizabeth. *Chimayo Valley Traditions*. Santa Fe: Ancient City Press, 1987.

Keeler, Clyde E. *Cuna Indian Art*. New York: Exposition Press, 1969.

Kriss-Rettenbeck, Lenz. *Ex-Voto: Zeichen, Bild und Abbild in Christlichen Votivbrauchtum*. Zurich: Atlantis Verlag, 1972.

Leicht, Hermann. *Arte y Cultura Preincaicos: Un Milenio del Imperio Chimú*. Madrid: Aguilar S.A. de Ediciones, 1963.

Liu, Robert K. "Cuna Indian Silver Jewelry." *Bead Journal*, Vol. 3 (1), 1976.

Métraux, Alfred. *Les Incas*. Paris: Editions de Seuil, 1965.

Muller, Priscilla E. *Jewels in Spain 1500—1800*. New York: Hispanic Society of America, 1972.

Oettinger, Marion, Jr. Field notes, 1989, 1990.

Osborne, Lilly de Jongh. *Indian Crafts of Guatemala and El Salvador*. Norman: University of Oklahoma Press, 1965.

Pelauzy, Maria Antonia. *Spanish Folk Crafts*. Barcelona: Editorial Blume, 1978.

Petterson, Carmen Lind. *Maya de Guatemala*. Guatemala: Museo Ixchel, 1976.

Pfistermeister, Ursula. *Wachs: Volkskunst und Brauch*. Nürnberg: Verlag Hans Carl, 1982.

Saia, Luís. *Escultura Popular Brasileira*. São Paulo: Edições Gaveta, 1944.

Santamaría, Francisco J. *Diccionario de Mejicanismos*. Segunda Edición. México, D.F.: Editorial Porrúa, S.A., 1974.

Statsny, Francisco. *Las Artes Populares del Perú*. Madrid: Alianza Editorial, 1971.

Taullard, Alfredo. *Platería Sudamericana*. Buenos Aires: Editores Peuser, 1941.

Torres Fernández de Córdova, Glauco. *Diccionario Kichua-Castellano: Yurakshimi-Runashimi*. Cuenca: Casa de la Cultura, 1982.

Tschopik, Harry Jr. *The Aymara of Chucuito, Perú*. Vol. 44, part 2. Anthropological Papers. New York: American Museum of Natural History, 1951.

Vidal, Teodoro. *Los Milagros en Metal y en Cera de Puerto Rico*. San Juan: Ediciones Alba, 1972.

 # Notes

(for complete listings, see Works Cited)

1. Métraux, Alfred, *Les Incas*, p. 118.

2. Tschopik, Harry Jr., *The Aymara of Chucuito, Perú*, pp. 238—239.

3. Ibid.

4. Jijón y Caamaño, Jacinto, *La Religión del Imperio de los Incas*, pp. 102—103 (author's translation).

5. Saia, Luís, *Escultura Popular Brasileira*, p. 12.

6. Bercht, Fatima, *Brazilian Ex-Votos*, p. 30.

7. Vidal, Teodoro, *Los Milagros en Metal y en Cera de Puerto Rico*, p. 14.

8. Andrée, Richard, *Votive und Weihegaben des Katolischen Volks in Süddeutschland*, p. 4.

9. Ibid.

10. Vidal, p. 17.

11. Pfistermeister, Ursula, *Wachs: Volkskunst und Brauch*, p. 97.

12. Vidal, p. 17.

13. Ibid.

14. Kalb, Laurie, *The Function of the Tama Among Greek Philadelphians*, p. 30.

15. Vidal, p. 17.

16. *Catáleg del Museu Frederic Marés*, p. 13.

17. Vidal, p. 19.

18. Gantner, Theo, *Geformtes Wachs*, p. 6.

19. Andrée, p. 99.

20. Ibid.

21. Vidal, p. 20.

22. Davis, Mary, and Peck, Greta, *Mexican Jewelry*, p. 48.

23. Muller, Priscilla E., *Jewels in Spain 1500—1800*, p. 32.

24. Pfistermeister, p. 146.

25. Andrée, p. 157.

26. Kriss-Rettenbeck, Lenz, *Ex-Voto: Zeichen, Bild und Abbild in Christlichen Votivbrauchtum*, p. 292.

27. Ibid.

28. Andrée, p. 129.

29. Ibid., p. 136.

30. Ibid., p. 129.

31. Ibid., p. 133.

32. Ibid., p. 129.

33. Pfistermeister, p. 164.

34. Ibid.

35. Alonso de Rodríguez, Josefina, *El Ex-voto y el Arte de la Platería en Guatemala*, p. 48.

36. Muller, p. 97.

37. Kay, Elizabeth, *Chimayo Valley Traditions*, p. 71.

38. Amado, Jorge, *Bahía de Todos os Santos*, p. 141.

39. Statsny, Francisco, *Las Artes Populares del Perú*, p. 25.

40. Amado, op. cit., p. 132.

41. Gatbonton, Esperanza Bunag, *A Heritage of Saints: Colonial Santos in the Philippines*, p. 45.

42. Vidal, p. 29.

43. Ibid., p. 27.

44. Ibid., p. 32.

45. Ibid., p. 40.

46. Horgan, Paul, *Great River: The Rio Grande in North American History*, p. 358.

47. Vidal, p. 134.

48. Ibid., pp. 136—139.

49. Author's research, 1980.

50. Oettinger, Marion, Jr., field notes, 1989.

51. Author's research, 1986.

52. Keeler, Clyde E., *Cuna Indian Art*, p. 139.

53. Oettinger, field notes, 1990.

54. Alonso de Rodríguez, p. 55.

55. Ibid.

56. Boyd, E., *Popular Arts of Spanish New Mexico*, p. 281.

57. Alonso de Rodríguez, p. 59 (author's translation).

58. Osborne, Lilly de Jongh, *Indian Crafts of Guatemala and El Salvador*, p. 145.

59. Taullard, Alfredo, *Platería Sudamericana*, p. 277.

# Credits

1. Drawing by Kathy Chilton.

2. Drawing by Kathy Chilton.

3. Drawing by Kathy Chilton.

4. Courtesy of the author. Photo: Anthony Richardson.

5. Courtesy of the Museum of International Folk Art, a unit of the Museum of New Mexico. Photo: Anthony Richardson.

6. Courtesy of the Museum of International Folk Art, a unit of the Museum of New Mexico. Photo: Blair Clark.

7. Courtesy of the Museum of International Folk Art, a unit of the Museum of New Mexico. Photo: Blair Clark.

8. Courtesy of the Museum of International Folk Art, a unit of the Museum of New Mexico. Photo: Blair Clark.

9. Drawing by Kathy Chilton.

10. Drawing by Kathy Chilton.

11. Drawing by Kathy Chilton.

12. Drawing by Kathy Chilton.

13. Courtesy of the author. Photo: Anthony Richardson.

14. Giffords collection, Tucson, Arizona. Photo: Anthony Richardson.

15. John Bourne collection, Santa Fe, New Mexico. Photo: Anthony Richardson.

16. Courtesy of the author. Photo: Anthony Richardson.

17. Courtesy of the author. Photo: Anthony Richardson.

18. John Bourne collection, Santa Fe, New Mexico. Photo: Anthony Richardson.

19. Vivián and Jaime Liébana collection, Lima, Perú. Photo: Elisa Alvarado.

20. Vivián and Jaime Liébana collection, Lima, Perú. Photo: Elisa Alvarado.

21. Courtesy of the International Folk Art Foundation collections in the Museum of International Folk Art, Santa Fe, New Mexico. Photo: Anthony Richardson.

22. Courtesy of the International Folk Art Foundation collections in the Museum of International Folk Art, Santa Fe, New Mexico. Photo: Anthony Richardson.

23. Courtesy of the author. Photo: Anthony Richardson.

24. Drawing by Kathy Chilton.

25. Courtesy of the author. Photo: Anthony Richardson.

26. Courtesy of the author. Photo: Anthony Richardson.

27. Courtesy of the author. Photo: Anthony Richardson.

28. Drawing by Kathy Chilton.

29. Drawing by Kathy Chilton.

30. Dorothy van Briesen collection, Milwaukee, Wisconsin. Drawing by Kathy Chilton.

31. Photo: Encuadre/Suter—Almeida.

32. Courtesy of the author. Photo: Anthony Richardson.

33. Courtesy of the author. Photo: Anthony Richardson.

34. Photo: Marion Oettinger, Jr.

35. Photo: Marion Oettinger, Jr.

36. John Bourne collection, Santa Fe, New Mexico. Photo: Anthony Richardson.

37. Photo courtesy of Milagros Gallery, San Antonio, Texas.

38. Photo courtesy of the Mexican Museum, San Francisco, California.

39. Vivián and Jaime Liébana collection, Lima, Perú. Photo: Elisa Alvarado.

40. Courtesy of the author. Photo: Anthony Richardson.

41. Courtesy of the author. Photo: Anthony Richardson.

42. Vivián and Jaime Liébana collection, Lima, Perú. Photo: Elisa Alvarado.

43. Peter P. Cecere collection, Mexico City. Photo: Anthony Richardson.

44. Vivián and Jaime Liébana collection, Lima, Perú. Photo: Elisa Alvarado.

45. Vivián and Jaime Liébana collection, Lima, Perú. Photo: Elisa Alvarado.

46. Giffords collection, Tucson, Arizona. Photo: Anthony Richardson.

47. Courtesy of the author. Photo: Anthony Richardson.

48. Vivián and Jaime Liébana collection, Lima, Perú. Photo: Elisa Alvarado.

49. Courtesy of the Museum of International Folk Art, a unit of the Museum of New Mexico. Photo: Blair Clark.

50. Photo: Marion Oettinger, Jr.

51. Photo: Marion Oettinger, Jr.

52. Photo: Jerry Ferrin.

53. Photo: Marion Oettinger, Jr.

54. Photo: Marion Oettinger, Jr.

55. Photo: Marion Oettinger, Jr.

56. Courtesy of the Museum of International Folk Art, a unit of the Museum of New Mexico. Photo: Blair Clark.

57. Drawing by Kathy Chilton.

58. Drawing by Kathy Chilton.

59. Courtesy of the author. Photo: Anthony Richardson.

60. Courtesy of the author. Photo: Anthony Richardson.

61. Courtesy of the Museum of International Folk Art, a unit of the Museum of New Mexico. Photo: Anthony Richardson.

62. Courtesy of the Museum of International Folk Art, a unit of the Museum of New Mexico. Photo: Blair Clark.

63. Courtesy of the Museum of International Folk Art, a unit of the Museum of New Mexico. Photo: Blair Clark.

64. Drawing by Kathy Chilton.

65. John Bourne collection, Santa Fe, New Mexico. Photo: Anthony Richardson.

66. Courtesy of the author. Photo: Anthony Richardson.

67. Courtesy of the author. Photo: Anthony Richardson.

68. John Bourne collection, Santa Fe, New Mexico. Photo: Anthony Richardson.

69. John Bourne collection, Santa Fe, New Mexico. Photo: Anthony Richardson.

70. Courtesy of the author. Photo: Anthony Richardson.

71. Courtesy of the author. Photo: Anthony Richardson.

72. Courtesy of the author. Photo: Anthony Richardson.

73. Courtesy of the author. Photo: Anthony Richardson.

74. Drawing by Kathy Chilton.

75. Drawing by Kathy Chilton.

76. Drawing by Kathy Chilton.

77. Drawing by Kathy Chilton.

78. Courtesy of the author. Photo: Anthony Richardson.

79. Courtesy of the author. Photo: Anthony Richardson.

80. Courtesy of the author. Photo: Anthony Richardson.

81. Courtesy of the author. Photo: Anthony Richardson.

82. Giffords collection, Tucson, Arizona. Photo: Anthony Richardson.

83. Vivián and Jaime Liébana collection, Lima, Perú. Photo: Elisa Alvarado.

84. John Bourne collection, Santa Fe, New Mexico. Photo: Anthony Richardson.

85. Drawing by Kathy Chilton.

86. Courtesy of the author. Photo: Anthony Richardson.

87. Courtesy of the International Folk Art Foundation collections in the Museum of International Folk Art, Santa Fe, New Mexico. Photo: Anthony Richardson.